U0944210

会写作的大脑 3

33个我

[美]邦妮·纽鲍尔（Bonnie Neubauer）◎著
唐奇 编译

（修订版）

中国人民大学出版社
·北 京·

“创意写作书系”顾问委员会

（按姓氏笔画排名）

感谢Gil，我的宝贝，永远爱你。

推荐序

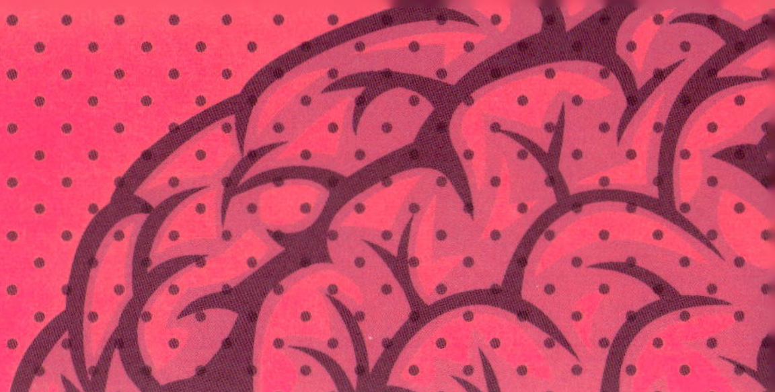

开始写作时，你经常要思考和处理棘手的问题。当然，如何写出完美的场景、抓人的对话，或者成功塑造精彩的人物，答案就藏在你心里，只要你足够集中精力就能找到。不过遗憾的是，当我们在写作中卡壳时，老办法常常让我们陷入沮丧。

幸好，无论你是在写作中卡壳还是感到厌倦，《会写作的大脑》都是突破写作瓶颈的完美解药。这套书提供了400个异想天开的探究式创意写作练习。当我开始做这些练习时，我正好有一本小说的创作陷入停滞。当我卡壳时，我经常质疑自己写作技能的方方面面：我写不出小说，是因为我不够好，我懒惰，我缺少灵感。但是当我允许自己享受游戏的乐趣，我的写作引擎又开始运转了。

《会写作的大脑》不需要你呕心沥血。这些包罗万象的练习，就像是在跟感官和智慧玩游戏，在做练习的过程中，相信你会跟我一样，常常忍俊不禁，一身轻松，沉浸在故事创作中。邦妮·纽鲍尔的练习唤醒了写作的魔力，而很多时候这种魔力在日复一日的生活中消失了。

我们中许多人都是习惯的奴隶，因为我们不知道还有别的方法。但是这本书能帮助你恢复创造力，从头到脚焕然一新。每一页都鼓励你用不同的方法去写作。无论你是在不同的形状中写作、尝试全新的比喻，还是用回忆中的零星片段创作故事，纽鲍尔都提供了你自己可能意想不到的灵感。每一页都让人心痒难耐。

巧妙的双关语和新鲜的比喻能够激活在平时的写作中你大脑中不活跃的部分，你会感觉焕然一新，（以有趣的方式）直面写作中令人兴奋的挑战。我们经常把灵感看得过于重要，仿佛它像闪电一样强大而稀有。这些练习将摈弃这种观念，唤醒令人惊喜的素材储备，它们一直都在那儿，等待着被发掘，只不过你没有意识到。

而且，这本书的视觉效果令人赏心悦目：鲜明的色彩和形状、并置的诗歌和乐曲，能够同时对你大脑的两个半球产生刺激。

这本书提醒我们，有时候最认真地对待写作的方式正是别那么认真。相反，我们需要冒险涉足那些不熟悉的路线和区域，把创造力从藏身之地找出来。

我打赌，你只要尝试一个星期《会写作的大脑》中的练习，就不会再像从前一样写作。继续重复自我是不可能的。

你还在等什么？来吧！

乔丹·罗森菲尔德

中文版序

欢迎打开《会写作的大脑》!

我叫邦妮·纽鲍尔,先让我通过一个故事来介绍一下自己:当我年轻时,我挺恨写作的。一说要写作文,我总是会尽可能拖到最后一分钟,还经常为此哭鼻子,因为我实在不知道要写什么。我的脑袋空空如也,活像个灌满了空气的气球。如果我真的是个气球,我大概会选择飞走,那样就不用写作文了。可惜我是个按时交作业而且成绩优秀的好学生,因此,我只能咬着牙应付交差,每次写完作文都感觉如释重负。

我对写作的厌烦一直延续到了大学期间,让我们快进十几年,直到有一个星期,我去替邻居看家。我负责照管的植物就放在书架顶上。浇水时,我无意间扫了一眼书架上的书名。这么抽出一本书来看,似乎有点像偷窥,但是我太好奇了。这其中最吸引我的,是关于创意写作的书。我坐在地板上开始阅读。其中有一本书,在每章末尾都有一个写作练习,这些练习很有趣,让人迫不及待地想要回家一试身手,于是,我就放下喷壶走掉了。(别担心,我先浇完了花。)

从那天起,写作带给了我巨大的快乐。从感谢卡、桌游规则到书籍,我满怀热情、全心全意地写作每一样东西。我还开办了数百次写作训练营,让各个年龄段的人围坐在一起,一起写作和分享。这本书就包含了来自这些训练营的练习中的精华。

那么,在我浇花的那个决定命运的下午,究竟发生了什么?这也会发生在你身上吗?

起初,我认为那本书的作者只是让写作看起来很有趣,从而吸引我去尝试。多年以后,我开始发现事情远没有这么简单。让写作变得有趣的第一步是创造一种不加评判的轻松氛围。我希望《会写作的大脑》做到了,你觉得呢?

你会发现,本书开头给出的规则将使你忘记语法和标点,如果你愿意,违反这些规则也没关系。《会写作的大脑》正是用这种方法邀请你参与这次冒险之旅的。

必须有一个自由的环境,让你抛开条条框框。正如我的一个作家朋友所说,刚开始动笔的时候不妨告诉自己:“这是练习,不是杰作。”每当我发现自己为最终结果而担忧时,这句话就像咒语一样在我耳边回响,提醒我回到文字游戏中。我希望这种说法也能在你最需要的时候帮助你。

最后一步是这本书的真正任务:邀请你加入我的游戏,让你享受过程、磨练技巧、练习用文字填满

页面。通过这本书起步很容易，因为你不会从空白页开始。空白页提供了太多的可能性，也常常因此扼杀了所有可能性。无论哪种情况都令人望而生畏。在《会写作的大脑》中，通常至少会给你一个开头，指明方向，帮助你开始。在许多练习中，你要回答问题、填空或者从个性化的选项中进行选择。

让写作变得有趣的一个重要因素是找到意想不到的主题。大多数人不会早上醒来就想："今天我要在一个风筝形状的方框里写一个故事"或者"今天下午我要用一个合唱队领唱的视角写作"。通过给你以前没有想到过的提示，你的写作会焕然一新，会有很多灵感争先恐后地涌出来，跳到纸面上。不会有任何预设和期待来妨碍你。

定一个十分钟的闹钟，不间断地写作，是绕过你内心的批评家的最好方法。我唯一强调的规则就是不要停笔，直到你写满一整页或者设定的时间到了。

在游戏中，你会从不同的视角写作（超级英雄、卡车司机），用不同的声音说话（嘶哑的长颈鹿、某地的方言），体验不同的情绪（惊吓、欣喜），去往不同的地方（2121年，美国艾奥瓦州的一个农场），试验和探索不同类型的写作。你就像走进了一间魔幻试衣间——前一刻你刚戴上一顶牛仔帽，下一刻就变成了一架摄影机，然后马上又在跟人比赛大眼瞪小眼。

尝试新点子和新技术会让你成为冒险家，勇敢地走入未知的领域。当你面对未知，好奇心达到顶峰，文字就会自然而然地从心中流淌出来。你会真正置身于让写作变得有趣的环境中。

为了帮助你进一步精进技艺，所有的练习都在同一页上提供了一个额外的迷你提示，叫做"下一步"。它们将帮助你发现一天中什么时候最适合写作、你的偏好是不是从个人回忆中寻找素材、限时写作是不是你的菜、取个笔名能不能给你自由，或者你喜欢以何种视角来写作。

为了保持惯性，我建议每天至少做一个练习。悄悄告诉你一个小秘密，只要你定期练习，你的写作就真的会进步。很神奇吧？你很快会意识到，不必等到缪斯女神出现在你身旁再开始写作。只要经常写作，你会发现缪斯女神无时无刻不在你身边，等着你坐下来，拿起笔。

这本书有几种使用方法。你可以从头开始，按顺序进行，就像你在纸上写作时一样。如果你选择这种方法，练习的顺序能够保证你不会重复遇到相

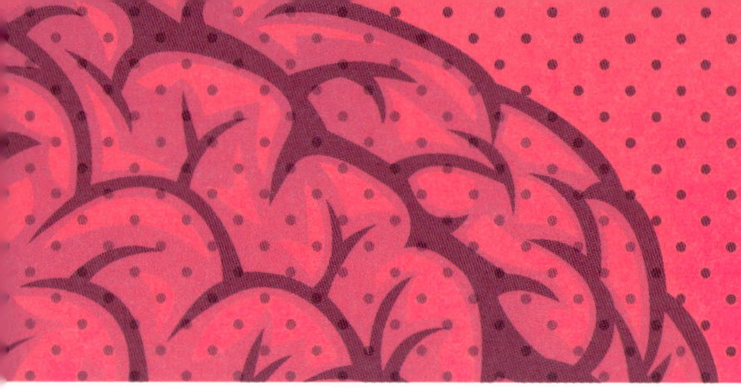

同的类型。这是因为，如果某个类型的练习不对你的胃口，你可能会失去兴趣，停止写作。这是我们最不愿意发生的事。

另一种方法是随便翻开一页，给自己一点惊喜。如果你是个视觉动物，可以把书翻开，让插图指引你找到最吸引你的一页。但是请不要提前阅读练习的内容然后挑挑拣拣。这会让你误入判断的歧途，扼杀自发性。

经常有人问我是怎样设计这些练习的。在很长一段时间里我都是这样回答的："只是偶然间想到的。"但是后来，一个朋友无意中看到了《会写作的大脑》第一版，兴奋地给我发来电子邮件，并告诉我他非常高兴通过这些练习了解到我的生活经历。那一刻我才意识到，创意公式的确是存在的。那就是1+1=3。（小心，别让你的数学老师知道我是这么说的！）意思是，我把两种不同的经历、喜好或选择（1+1）加在一起，一件新东西就出现了。这第三件东西就是练习。

这本书中的练习可以在许多方面帮助你：如果你有作文作业却不知道要写什么或者从哪里开始（我曾经就是这样），这本书能帮你迅速解决问题。如果你已经爱上写作，想要尝试某些新创意、新方法，这本书能为你增添活力。如果你认为已经发现了创意写作的乐趣，但是还在犹豫要不要开始，别担心，这本书会给你鼓励。如果你感觉遇到了瓶颈，每天做几个练习，到第三天你就能找回写作的感觉。如果你是一名教师，需要为课堂和家庭作业找点灵感，这本书中的练习方便又有趣，学生们都会喜欢的。

无论是什么机缘让你找到了这本书，我都希望它能点燃你灵感的火花，让你享受练习带来的乐趣，就像我为你创造它们时一样。

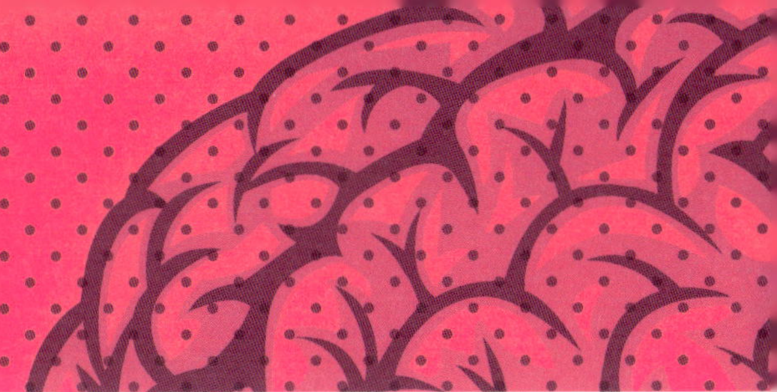

引言

朋友们，你们好！我是邦妮·纽鲍尔，欢迎打开《会写作的大脑》。这本书跟其他的创意写作书籍不同，你不必花时间阅读关于写作的知识。相反，你将直接投入写作。跟着这本书，你只需要一支笔和每天10分钟，就可以在家加入这个写作训练营了。

这本书里的所有练习都是为了让你开始写作并坚持下去而设计的，因为你写得越多，就写得越好。随着大量的练习，你会看到自己的进步。我向你保证，整个过程中你不会遇到可怕的空白页——每个练习都给了你一些素材：一段开头、一个结束句、一系列要使用的词汇、一个通过填空塑造的人物……

当你翻阅这本书，你会注意到每一页上都有赏心悦目的色彩和图案。这要归功于（美国）作家文摘出版社了不起的设计团队。我要特别感谢他们，因为在艺术方面，我只会画粗略的简笔画。

如果你想知道这本书是为谁准备的，好吧，它完全适用于9~16岁的青少年，只要你愿意尝试写作。不管你是一提起笔写作文就头疼的“写作恐惧症患者”，还是想进一步提升自己写作能力的大朋友，你都会发现这本书令人大开眼界。如果你刚好遇到了写作卡壳的状况，这本书中的练习也是理想的解药，它们能让你抛弃先入为主的观念，鼓励你写出意料之外的主题。这些练习也是你投入“真正的”作品之前的完美热身。如果你有写日记的习惯，你会感觉非常适应，因为许多练习用的都是个人经历。如果你是个创意写作训练营的粉丝，你再也不用等待下次训练营了。你可以自己在家做练习、度假时做练习，甚至创建你自己的写作小组，跟朋友们一起做练习。加上一点编辑和润色，你可以把很多练习的成果变成故事、诗歌、文章，甚至长篇小说，向出版社投稿。

你会注意到每一页上都有叫作“下一步”的附加练习。这些练习能帮助你更加了解自己的作品，探索自己的写作过程。这些简单的指导可以直接用在你的其他作品中。

有些页面上有这个符号：↻。表示这个练习可以重复进行。记住这些页面，以后再回过头来看。

本书每一页均标注了两种页码，内侧为中文版页码，外侧为英文原书页码，方便读者查阅。

这本书还特别适合家长和孩子一起写，如果你的孩子一提起写作就头疼，总是不知道写什么，或者怎么写都干巴巴的，无法打动人，你可以让他试试这些练习。如果一起写，你会收到不一样的效果，信不信？孩子有一颗更具创意的大脑。

这本书也经常会受到语文老师的青睐，他们适时地选用一些练习，或者每天安排固定的时间在班级内一起写，然后每周安排分享。不得了了，他们发现那些最不

爱动笔的孩子也停不下来，每次分享都会笑声不断，一个个孩子变成故事大王，写作能力慢慢地提升超越。

再说最后一件事，我就放你去写作：创作这本书时我过于热情高涨，出版社不得不删减了一些练习。当他们看到我对此有多么懊恼，他们慷慨地提出为所有购买这本书的读者提供在线访问这些额外练习的途径。网址是www.writersdigest.com/write-brain-workbook-revised。

在下一页上，你会看到一些本书中练习的基本规则和指南。如果你不想遵守规则（就像我一样），那么规则就是为了让你打破的。无论怎样，是时候翻开这本书、开始写作了。

希望你享受这本书中等待你的写作大冒险。开始写吧！

邦妮·纽鲍尔

附注：特别感谢参加过我的写作训练营的朋友们，以及购买了我的创意写作书籍和故事轮盘的孩子和教师们。你们对写作的热情和投入深深地感染了我。

规则

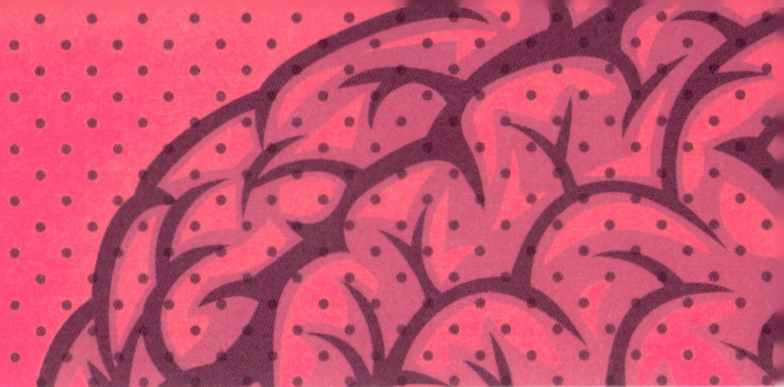

这里是本书中练习的基本规则和指南。

• 坚持写作：这是保持写作动力的最佳方法。不要停下来，坚持写，勇往直前。如果你遇到了瓶颈，不知道接下来要写什么，重复最后一个字，直到新东西开始浮现。通常最后一个词是“然后”。那就写“然后，然后，然后……”很快你会写出“我已经厌倦然后了。我还厌倦……”然后你就可以接着写下去了。

• 不要编辑：编辑是左脑的工作，会让你失去动力——这些练习都是为了右脑设计的。不要往回看，删除或者修改文字。如果你想不出一个特定的词，画一条横线，然后接着写。最后，横线会提醒你还需要找一个词。不要担心拼写或语法（向所有的语文老师道歉），以后有的是时间做那些。只要你能读懂自己写的东西就行。

• 放飞自我：不要担心最终结果。允许自己随心所欲地写。不要限制自己。你不需要把作品给任何人看，跟你的灵感和文字自由嬉戏吧。

• 要具体：用你所有的感官来描述事物。用嗅觉描述一台电脑，用味觉描述一辆出租车。要让读者记得你的作品，最好的办法就是具体：不要写“玩具”，要写“少了一条胳膊的蝙蝠侠玩偶”。如果你发现当你试图写得具体时，你内心的编辑出来捣乱了，立刻放弃这条规则。

• 当你写作时，感觉骄傲：这些写作练习的目标就是写满一整页。当你这样做时，让自己为这项成就感到骄傲。享受这种感觉，并且带着这种势头尽快再次投入写作。不要否定你的作品，或者拿它与其他人的作品相比。否定和比较会扼杀动力，是前进道路上的拦路虎。在所有的规则中，这一条无疑是最重要的。

现在，开始练习吧……

目录

变形记

写完这个故事。这样开头：

像一只蝴蝶，她魔法般地……

下一步

如果你是一只蝴蝶，你的创作欲望和需求会有什么不同？

下次写作时，展开你的翅膀，看看你的作品会有什么改变。

不完美的侦探

别人在你家或办公室的抽屉里能够发现的最奇怪的东西是什么？是干什么用的？在哪个抽屉里？你是一名侦探，正在调查一个案件，无意中发现了这件东西。当然，它属于一个你从来没有见过的人，在一个你从来没有去过的地方。关于这个陌生人的生活，你从中能够推断出哪些信息？这样开头：

藏在……

下一步

每个人都是某一方面的专家，无论是当侦探还是挑选最甜的哈密瓜。你有哪些不同寻常的特长？你能把其中一两个变成写作项目吗？

亲笔签名

描写一次你得到名人亲笔签名的经历，你已经崇拜他很久了。在故事中用上这五个词语：苍蝇拍、规模、黑面包、法律、乌木。这样开头：

我总是随身带着笔，只有那一次例外……

下一步

电视剧有衍生剧，电影有续集。你能根据本书中的一个练习写出派生作品，把它变成一篇文章或评论吗？

1

在左边一栏里写出八个动词。在右边一栏里写出八种颜色。

1	1
2	2
3	3
4	4
5	5
6	6
7	7
8	8

2

现在尝试这两种表达方式：

1、从一个动词开始，以一种颜色结束（比如“奔跑的橘色”）

2、从一种颜色开始，以一个动词结束（比如“绿色的延伸”）

3

把这两种表达方式用在一个故事中。这样开头：

闷热的黄色……

下一步

在下雪天，我们不工作，把时间花在吃喝玩乐上，一事无成。为什么天气热得受不了的时候我们不这样做？今天，无论天气如何，都把它当成一个热天。喝一杯冷饮，舒舒服服地坐好，扇扇子。如果在放松时想到了什么写作创意，把它们记下来。

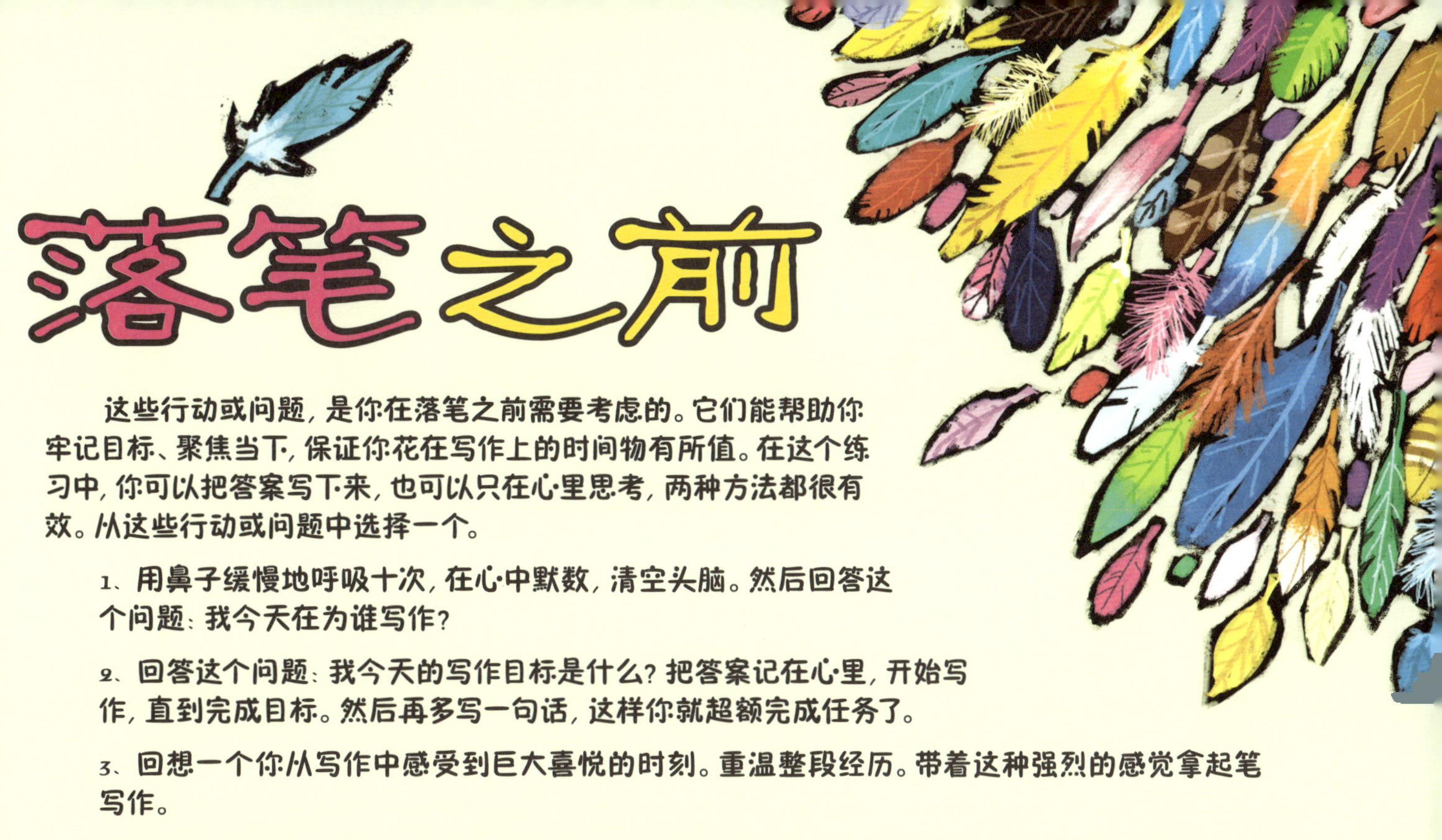

落笔之前

这些行动或问题，是你在落笔之前需要考虑的。它们能帮助你牢记目标、聚焦当下，保证你花在写作上的时间物有所值。在这个练习中，你可以把答案写下来，也可以只在心里思考，两种方法都很有效。从这些行动或问题中选择一个。

1、用鼻子缓慢地呼吸十次，在心中默数，清空头脑。然后回答这个问题：我今天在为谁写作？

2、回答这个问题：我今天的写作目标是什么？把答案记在心里，开始写作，直到完成目标。然后再多写一句话，这样你就超额完成任务了。

3、回想一个你从写作中感受到巨大喜悦的时刻。重温整段经历。带着这种强烈的感觉拿起笔写作。

4、双手高举过头，跳跃的同时拍手，做十次。带着流动到手上的能量回答这个问题：写作中让我充满活力的是什么？

5、想象你有一个粉丝。回答这个问题：他会用哪个词来描述我的写作？认真体会他的用词。不要忽视它们。它们是真实的。

6、想一个你喜欢在那里写作的地方。那里有什么气味？有什么声音？你在那里吃过什么？有什么样的触觉？在这个地方写作。

现在你已经完成了落笔之前需要的准备工作，你的心灵正在当下，你的笔蓄势待发。把这当成一个写作的机会！这样开头：我守卫着……

下一步

完成当天的写作之后，写下一条积极的评论。把这些评论收集在笔记本或者小盒子里。下次写作之前，看一眼这些评论，能帮助你迅速进入状态。如果你这么做了，你会发现落笔之前可以做的准备越来越多。

角袋

写完这个故事。这样开头：

镇上的游泳池就在我们这条街的尽头，著名的是……

下一步

出去散步，寻找一个值得记录的行为（主体可以是另一个人、动物，也可以是大自然母亲等）。详细描写。如果你喜欢，在口袋里带上一个小记事本，每天记录一个观察到的行为，直到写满整整一本。

立体主义

1. 城市广场上……

2. 他们从一个立方体中出来……

3. 我太兴奋了……

使用立方体的第一个面上给出的开头，写满这个平行四边形。旋转纸张，从第二个面上给出的开头继续你的故事。写满这个平行四边形之后，再次旋转纸张，让立方体的第三个面朝上。用给出的开头写完你的故事，同时填满整个方块。

下一步

你玩过安妮·葛特丽柏（Annie Gottlieb）和斯洛博丹·D. 佩斯科（Slobodan D. Pešić）书中的“立方体”想象游戏吗？这里有一个小例子：你独自走在沙漠中，遇到了一个立方体。回答这些问题：这个立方体有多大？是什么颜色的？这种颜色给你什么感觉？你离立方体有多远？你能看见立方体的内部吗？立方体跟沙漠相比有多大？这个立方体代表了你，以及你如何看待自己在这个世界中的位置。你在本页的练习中填满的立方体代表了你成为作家的决心。称自己为一名作家感觉怎么样？太兴奋了？

写完这个故事。这样开头：

他有点摇滚，还有点……

下一步

即使当你堵在车流中时，也有创意写作练习可以做！想一首你特别喜欢的歌曲的第一句。即兴创作第二句和第三句歌词。

吱吱响的轮子

写下六种儿童玩具发出的声音：

1、________________

2、________________

3、________________

4、________________

5、________________

6、________________

在一个故事中用上尽可能多的声音，这样开头：

镭射光束穿透了……

下一步

让15年后的你给现在的你写一张便条。向自己保证，在你写作生涯的屏幕上，某个现在看来像个庞然大物的创作问题将变成一个小小的激光点。

大调查

在空格处填上你首先想到的词：

一处地标：________________

一篇关于服装的文章：________________

一种烹调方法：________________

一种饮料：________________

一颗行星：________________

一个关于玻璃的词：________________

在你的故事中用上这六个词。这样开头：

我记得询问……

下一步

如果你遇到五岁时贪玩的自己，关于创作，你会问他什么问题？他会怎么回答？

数来数去

写到给出的数字时，把它们用在故事里。这样开头：

在麻醉状态下，我……

4

222

3 142

16

0

771

下一步

你现在能够用于写作的时间有百分之多少？你实际用来写作的时间在其中又占百分之多少？你能够减少哪些写作之外的活动，来将这个数字提高两个百分点？试一试，然后看看结果如何。

写完这个故事……

录制完专辑后，我上路去推销它。我没什么钱，几乎入不敷出，因此决定睡在我的童子军帐篷里。2月1日，我到了第一站，艾奥瓦州的得梅因，在那里遇到了一个女孩……

下一步 ▶▶

发动头脑风暴，想一些名字，就好像你正要开始一项写作计划，或者某项与你的写作天赋有关的业务。确保这些名字描述了你是谁以及你要做什么。

月份的香味

写出12种香味：

在这篇文章中用上所有12种香味。这样开头：

苏打水……

下一步

把棉花糖软糖双旋甜筒似的散文寄给一位喜欢小份酸橙沙冰似的诗歌的编辑，结果通常都是退稿。列出与你的写作风格气味相投的出版商和出版人。把你的作品寄给其中一位。

不同的方向

写到给出的方向时用上它们。这样开头：

我第一次坐在……

北方

东北

东南

南方

西方

西南

西北

东方

下一步

像生活一样，有时候我们的写作会转向与预期完全不同的方向。关于你现在的写作方向，写一些积极的话。

美好回忆

想象跟一个童年好友聊天。重温那些美好时光里的故事和回忆。使用每一段给出的开头。

还记得吗？那次我们试着……

还记得吗？那次我们写下……

还记得吗？那次有人问我们……

还记得吗？那次我们离开……

下一步

如果你不能通过写作让创意诞生，它们就成了被严格保守的秘密。当你写作时，想象你在与一个好朋友分享。现在就让你的笔为一个创意的第一个句子注入生命。

两次无期徒刑

在你的故事中用上这两个关于生活的句子：

1. 人生是一门不用橡皮的绘画艺术。——无名氏

2. 生活的沉浮取决于个人的勇气。——阿娜伊斯·宁（Anaïs Nin）

这样开头：

该死的……

在生活中，你是喜欢事先计划，还是随机应变？信奉辛勤做事，还是享受当下？是个拖延症患者，还是总在为错过的机会惋惜？

这如何反映在你的写作中？

偷窥

回想一次你偷窥不该看的地方的经历。比如说，你去邻居家做客时，偷看他们家床头柜的抽屉。描写这段情节，如果你愿意可以尽情润色，写下你发现了什么！

这样开头：

当我打开……

下一步

开头必须在许多层面上抓住读者。把这本书往回翻，选择一个你写下的开头。重写，润色，让它熠熠生辉。

寓言

在页面下方，用“这个故事告诉我们”后面的话来结束你的故事。这样开头：

她看着天空……

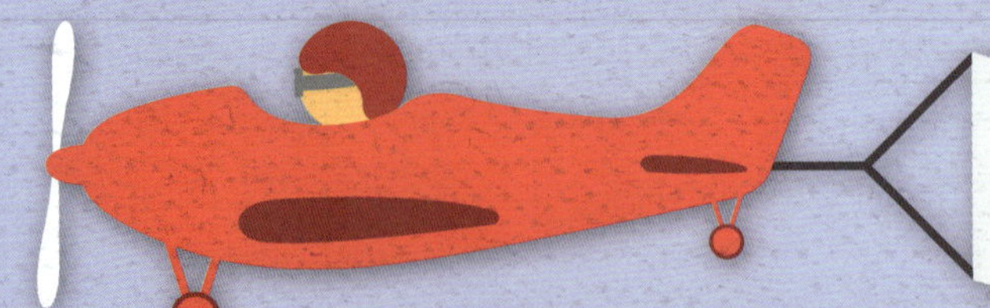

这个故事告诉我们：爬得越高，摔得越重。

下一步

你能从一排嫌疑人中指认出你内心的批评家吗？你怎么证明他有罪？他应该得到怎样的判决？爬得越高，摔得越重，对不对？

看，两只手！

快！再来掌握一种写作技能。在这个练习中，同时用两只手写作。为了降低难度，你可以使用同样的开头，两边写一样的字。（不过要用两只手同时写！）

在这边，用左手写字：

当热气球……

在这边，用右手写字：

当热气球……

下一步

想象与一位你崇拜的作家握手。他在你眼里能看到什么？

歧义

在故事中用上这个有歧义的句子：玛丽走了一个多钟头了。

这样开头：

我为那天的事情追悔莫及……

下一步

假装你的作品是你做的一道菜。像美食家一样为它写一篇溢美之词。下次写作低潮时用来激励自己。

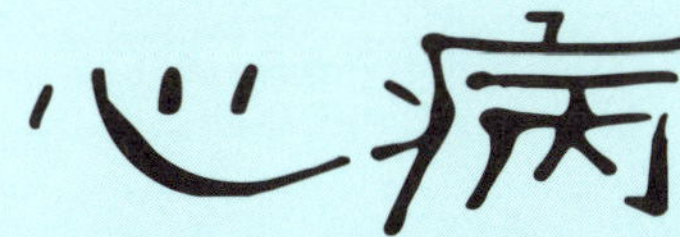

你是一位58岁的护士，是个疑心病症患者，在一位医生的办公室工作。从这个角度写作。这样开头：

我两次挂断了他的电话……

下一步

在某些语法问题上，我们都会遇到障碍。列出你的两个难题：

1、

2、

现在找一本语法书，或者在上网查询，帮助自己改进这两个问题。

失而复得

现在为你的作品添加一些色彩、纹理和密度。

用蜡笔或粗马克笔写完这个故事。

这样开头：

当我发现那个小小的……

下一步

回答这个小小的问题：你的写作目标是什么？每次坐下来写作时都回答这个问题（答案在不同阶段会有所变化）能帮助你找到成功之路。

哦，不！

本页上给出了一些表达方式，写到出现的位置时用上它们。这样开头：

“哦，不！”为什么……

不行

没问题

机不可失

没有消息就是好消息

别担心

没门儿

下一步

下次遭遇退稿或者一位不友好的评论家时，不要想着“哦，不！”反过来思考：“哦哈！”在这种情况下，你打算怎样尽快走出阴影？写下来。

命名游戏

讲述你名字的来历。你的名字有什么典故？还是你父母自己起的？如果你不知道，自己想象一个。你也可以写关于你的姓氏的有趣故事。尽情想象。这样开头：

这是一个艰难的决定……

下一步

为自己选择一个笔名。有一个笔名会让你自由创作新题材吗？为什么？为什么不？你会想要把最好的作品留在你自己名下吗？

字母表

北约音标字母表定义了A到Z共26个拉丁字母和0到9共10个阿拉伯数字的发音，是北约军队开发用于军事通讯的。用表中的词汇写完这个故事。这样开头：

我对着话筒大喊："回声-十一月-回声-迈克-扬基——西拉-爸爸-奥斯卡-探戈-回声-德尔塔"……

A 阿尔法
B 布拉沃
C 查理
D 德尔塔
E 回声
F 狐步舞
G 高尔夫
H 旅店
I 印度
J 朱丽叶
K 千克
L 利马
M 迈克
N 十一月
O 奥斯卡
P 爸爸
Q 魁北克
R 罗密欧
S 西拉
T 探戈
U 制服
V 维克多
W 威士忌
X X光
Y 扬基
Z 祖鲁

下一步

你的"印度-十一月-十一月-回声-罗密欧——查理-罗密欧-印度-探戈-印度-查理"是你的"威士忌-奥斯卡-罗密欧-西拉-探戈——回声-十一月-回声-迈克-扬基"。使用音标字母表，给你的批评家写一张单程票，把他送得越远越好。

用上开头段落，写满整页纸。今天我的心情是薄荷绿色的……

下一步

无论你是在绿色房间里，还是在购物，只要有香味，你总是可以练习写作。根据下面几种香味写下你的第一反应：

· 薄荷香

· 除漆剂

· 浓烈的香水

快乐成语·一

用成语开头：

他总是吹毛求疵……

用成语结束：

我只是囫囵吞枣。

下一步

有时候只选择一件事物来写，感觉好像错过了许多其他选择。但是如果你不做出选择，你会失去忘我投入的乐趣。现在就选择一个你要投入的写作项目。为将来要写的其他主题列一个清单。

33个我

在这篇文章中用上33个“我”字。每写下一个“我”都标上序号。第一个“我”已经给出了！这样开头：

她递给我……

下一步

说到你……为你的写作习惯打分（1~10分）。

[ ]按时完成计划

[ ]保持桌面整洁

[ ]虚心寻求帮助

[ ]指导其他人

[ ]牢记目标

[ ]有条理

[ ]有动力

[ ]书写工整

[ ]喜欢钻研

不出汗

写完这个故事。这样开头：

如果我不是对出汗过敏，我会……

下一步

如果能为你的写作未来种下一颗种子，你希望它长成什么样？今天就做一件事来培育这颗种子。

体育馆

在故事中，用每行开头给出的字母作为拼音首字母。

这样开头：

在我去体育馆的路上……

T

Y

G

T

Y

G

T

Y

G

T

Y

G

T

Y

G

下一步

奥运会选手有教练帮助他们追求成绩。作家之间可以建立一种合作伙伴关系。通过问问题，你和搭档互相帮助，保持不偏离目标。你可以从这些问题开始：有什么障碍使你不能进步？谁设置了这些障碍？是不是你自己？能够移除吗？怎么移除？

光谱

每次写到一种颜色的位置时，在故事中用上它。这样开头：

最后一次……

红色

蓝色

紫色

橙色

黄色

绿色

下一步

在想象中享受作品大获成功的感觉：不是某个特定的时刻，而是每天的幸福感受。每天都想象一下，当成功真正来临时，你就做好准备了。

前后颠倒

下面有四个可以前后颠倒的词。写到每个词时，在心里把它倒过来。在遇到下一个词之前把它用在故事中。（不要提前看是什么词——剧透就没意思了！）

这样开头：

我记得曾嘲笑……

故事

领带

蜜蜂

现实

下一步

汉语是一种有声调的语言，有些词组合起来，与单字的读音并不相同。比如，上声+上声+上声：如果前两个字是双音节词，那么前两个字与阳平读音相同，第三个字仍读上声。例如：演讲者、洗澡水。如果后两个字是双音节词，那么第二个字与阳平读音相同，第一个字和第三个字仍读上声。例如：小组长、有本领。你还能想到什么例子？

步伐沉稳

他的脚看上去就像疯狂原始人……

脚下一滑……

当他的脚触到球……

他们说你能从火焰上走过……

写完这几段短文。

开头已经给出了。

下一步

直到你脚踏实地，真正定下一个目标并为之努力，你才会知道这是否是你一开始想要的，也才会发现你想要的究竟是什么。制订一个写作目标，为之努力吧。

黄金铸造

看看你周围。留意所有金色的东西。写下你看到的前六件：

1.

2.

3.

4.

5.

6.

在一篇文章里用上这六件东西。这样开头：

有时候最沉闷的……

下一步

即使是最沉闷的写作的日子也能被笑声点亮。试试这个：脱下鞋和袜子。在两根脚趾之间夹一支笔。现在签下你的名字。玩得开心！……或者多个新爱好也不错！

20个问题

回答这20个问题，二选一，圈出你的答案。最后你会得到一篇人物特写。

年轻还是年老？

薄嘴唇还是厚嘴唇？

蓝眼睛还是棕眼睛？

好动还是好静？

早起者还是夜猫子？

高个子还是矮个子？

男人还是女人？

说话柔声细语还是大嗓门？

大耳朵还是小耳朵？

金发还是黑发？

喜欢咬指甲还是修剪整齐？

擅长园艺还是植物杀手？

井井有条还是杂乱无章？

善解人意还是麻木不仁？

瘦还是胖？

高鼻子还是塌鼻子？

喜欢狗还是猫？

喜欢香草蛋糕还是巧克力蛋糕？

面带笑容还是愁眉苦脸？

诚实还是不诚实？

你就是这个人物。从他的角度写作。这样开头：

那天晚上的星星特别明亮……

下一步

你已经写完一本书，书名叫作《明亮的星》（*Bright Star*）。你的出版商刚刚要求你写一则作者简介，放在封底上。创作一篇。

褐色城市

看看你周围。留意所有褐色的东西。写下你最先看到的六件：

1. ______ 4. ______

2. ______ 5. ______

3. ______ 6. ______

在故事中用上所有这六件东西。这样开头：

我通常不会注意到……

下一步

我们经常注意不到周围的很多声音（或者安静）。现在花一点时间静静聆听。然后记录下你听到的一切。趁着这些声音还回荡在你心中，努力把它们融入你下次的写作当中。

制造头条新闻

一天早上你醒来，看到报纸上有一篇关于你的新闻，题目是：

作家大罢工

这篇文章讲述了什么样的故事？

下一步

练习你的签名，让它反映你作为作家的个性：遒劲、娟秀、潦草、工整、龙飞凤舞，等等。

写完这个故事。

这样开头：

幸福的家庭都是相似的，不幸的家庭却各有各的不幸。

这是列夫·托尔斯泰（Leo Tolstoy）的《安娜·卡列尼娜》（*Anna Karenina*）的开头。

下一步

你想邀请哪位作家来共进晚餐？关于写作，你想问他什么问题？他把这个问题抛回给了你。你会如何回答？

建筑工人的理解

你是一名建筑工人。用他的语言完成这四段短文。

枪是……

莎士比亚是……

权利是……

共和党是……

下一步

建筑工人的工作如果没做好，是没有机会重来的。幸运的是，作家有。即便如此，许多作家还是害怕修改的过程。如果你也害怕修改，趁这个机会改变你的看法。回顾这四段短文，删除所有不必要的字词，让作品更有力量，享受这个过程。

写完这个故事。这样开头：

“怎么搞的，我要做这个？”她……

下一步

“要么做，要么不做。没有试试看。”——尤达大师

试着举起这本书。你要么举起了它，要么没有——没有中间状态。没有试试看这回事。从你的字典中删掉“试试看”这个词。不要说：“我在试着写一个剧本。”这样说：“我在写一个剧本。”听起来是不是更好？

怎么搞的

感恩节

写完这个故事。那天泰德叔叔烤了一只多么好的火鸡……

下一步

如果吃掉一只两英寸长的青虫，你就能实现一个写作梦想，你会为了什么样的梦想这样做？

下一步

有没有一种浪费时间的习惯，只要你戒掉，每天就能多出十分钟写作时间？或许跟电子邮件、短信和社交媒体有关？试试看。

齿颊生香

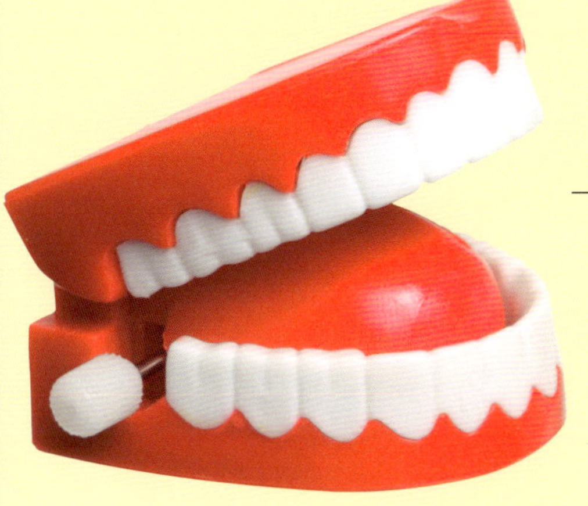

写完这个故事。这样开头：

我的牙齿打战……

下一步

把你现在的写作态度比作一种食物。是一种让你垂涎欲滴的食物吗？运用你的想象力，把它变成一种你愿意狼吞虎咽的食物。我的写作态度像果酱小圆饼，当我闭上眼睛，集中精力，就能把它变成新鲜出炉、馅料浓厚的比萨。看来我能享受写作的美味了。希望你也来加入。

六月的杜松

你是个园丁，常常跟你的植物说话。你相信跟它们谈论你的问题，比跟朋友们谈论更好。你给最喜欢的一棵杜松起名叫琼。这样开头：

你相信吗？她昨晚又给我打电话了……

下一步

选出六段关于六月的回忆。把它们作为你未来写作的灵感。

你一拳我一脚

时间是2525年。你是一名世界级的健美运动员，住在一座叫费什福特的城市。你刚刚跟你的弟弟打了一架，他是一名出租飞行汽车司机。这样开头：

他从来不理解我的喜好……

下一步

这个练习可以让你的神经细胞得到锻炼。描述为什么“拳”这个字适合你的作品。现在描述为什么“脚”这个字不适合你的作品。感觉到脑细胞开始燃烧了吗？

文字保龄球

尽你所能，在一个十行的故事中用上给定的十个词，每行一个。十个词分别出现在十行是全中。九个词分别出现在九行是补中。八个词分别出现在八行是分瓶。必须按照给定的顺序使用这些词。这里有一个全中的例子。给定的十个词用橘色标出。

1. 我折起餐巾，把它放在盘子旁边，走到车旁，骑向
2. “美景”国家公园。这个名字不太准确，因为有些人乱丢垃圾，
3. 公园已经大为失色，路上到处都是爆米花袋子和糖纸。
4. 我曾经组织过一次周末清洁公园活动，来了很多
5. 各个年龄段的男女学生。一共没干多少活儿，因为每个人
6. 都在忙着交朋友，以及把竞争对手从自己的朋友身边赶开。一个
7. 穿着红色连衣裙的女生开始唱歌来引起注意，当时
8. 大多数男生正聚精会神地盯着一个跳舞的女生，实际上只是在
9. 随着某种听不见的跑调的音乐扭动身体。我想我的请求只是
10. 把公园变成了一个社交舞会。我很失望，于是骑上我的车子离开了。

选择一组十个词。

1. 领子、行李、汤匙、螺旋桨、漂浮、酸奶、审判、向上、愿景、担忧
2. 餐叉、短袜、向前、飞机、恶魔、雄辩的、凝胶、收获、生气的、垃圾
3. 斑马、背心、亲属、柠檬、水银、肮脏的、明显的、热情、排练、简单的
4. 分子、芥末、低语、粉色、李子、昂贵的、石英、平息、测验、外国人
5. 虫子、雪、班卓琴、搬运、负担、毕业、妨碍、部长、磁带、神气的

1. __________
2. __________
3. __________
4. __________
5. __________
6. __________
7. __________
8. __________
9. __________

下一步

为了锻炼专注力，除了玩文字保龄球游戏，在你的创作生涯中增加一些体育锻炼也是有帮助的。试着做一些蛙跳、开合跳、单脚跳、对着墙壁或空中抛接球，或者跳绳。如果你对自己的能力没有信心，找到你自己的舒适点，尽情释放自我。

早起的鸟儿

写完这个故事。我在

破晓时分醒来……

下一步

写作就像钓鱼。清晨你来到一个精心挑选的地点，放好诱饵，垂下钓竿。水流潺潺，你陷入沉思，一天下来时常带给你惊喜。写作中你的诱饵是什么？让你惊喜的是什么？

写一篇关于蚂蚁和蠕虫的寓言。故事的寓意是“要有勇气”。

这样开头：

蠕虫从洞里爬出来……

有虫吃

下一步

如果你有机会通过虫洞旅行，你想去往哪个时空？记一些笔记，以后可以写一个这样的故事。

身体语言

你刚刚拜访过一位算命师，询问自己的未来。你一出来，马上掏出手机给你最好的朋友打电话。可惜电话直接转到了语音信箱。留一条长留言，说明所有的细节，无论好的还是坏的。在你的报告中用上这九个词：

击败　方便　干旱　齿轮　赠予　蛰　大鼻子　舞会　针

这样开头：

你不会相信算命师说了什么！下次下雪的时候……

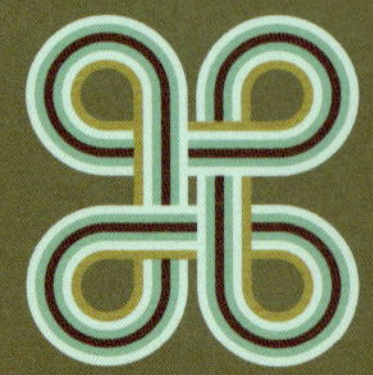

下一步

仔细听，你的耳朵会告诉你听到和没听到的一切。你听到过雪落无声吗？试着用一两句话捕捉阳光的声音。

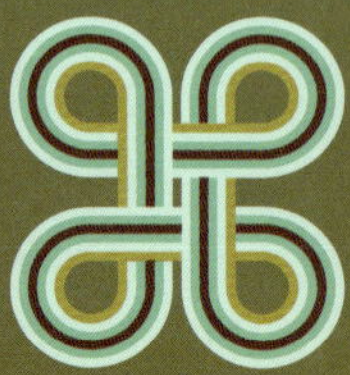

黑手党

让你描绘的人物栩栩如生的一种方法是加入一些关键的俚语。现在你有机会发挥想象力，从一个黑手党成员的视角写作。从下面17条俚语中选择一些，让你的人物有真实感：

- 开罗猫：巡警队
- 关灯：杀人
- 骑马的人：带枪的人
- 安乐椅：富翁
- 弹琴的人：被警察抓走的人
- 黑樱桃：漂亮的女人
- 鸟嘴：收取的保护费
- 捡烟头的：贼
- 公牛：非黑手党匪帮头目
- 仓库里的老鼠：狱警
- 账簿：家族成员资格，有机会晋升时，就说账簿打开了
- 大扫除：清理、躲藏或消灭证据
- 程序：证人保护计划
- 废品生意：有组织犯罪的委婉说法
- 士兵：犯罪家族底层成员
- 我们的朋友：组织成员向其他人引见新成员
- 缄默法则：不谈论被捕的同伙

这样开头：

事情变得复杂之前，我对安东尼唯一的了解就是，我的叔叔说他是“我们的朋友”。

下一步

遗憾的是，有时候，有些人可能会对你的创作努力提出负面的批评——有意或无意地。别让这些批评伤害或挫败你，努力忘掉它们。那是批评家的问题，不是你的。马上切换到坚强模式，在心中默念“忘了吧，忘了吧”，直到你能够付之一笑。然后继续追随你的热情。

假装

写完这个故事。这样开头：

我曾经假装……

下一步

假装你是个考古学家，从三岁时的自己身上挖掘感受。你发现了什么？你能把这些感觉用到现在的写作中吗？

太美了……

写完这个故事。这样开头：

他看了一眼，吹了一声长长的口哨，说："太美了……"

下一步

J.露丝·詹德勒（J.Ruth Gendler）的《心情国度》（*The Book of Qualities*）中写道："'美丽'是如此耀眼。夏天她穿着一件金色的长袍，在跳蚤市场上卖七种蜂蜜。她既年老而又年轻……"把你的写作拟人化。

冷笑话

在这个故事中，尽可能多地用上这些冷笑话：

我们的答案是其他人的问题。

带小孩的周日野餐不是野餐。

秃子害怕头皮屑。

家就是你抵押贷款的地方。

小道消息传得远。

笑口常开更长寿。

这样开头：

那地方像个垃圾场……

下一步

如果你的心理状态像个满满当当的垃圾场，是很难写作的。列出你需要从心里清除出去的东西，为写作腾出空间。现在你神清气爽了。开始写吧！

你上哪儿去了？

用上这四个词语：

黄色

彩虹

引用

笑话

这样开头：

“你上哪儿去了？”她问道。他垂下眼睛……

下一步

当别人问你现在的写作情况时，你会不会垂下眼睛？练习一下，下次有人这样问你时，直视对方的眼睛，带着自信回答这个问题。

一大块奶酪

如果你愿意，绕开本页上的图案和圆孔写作。这样开头：

他最自命不凡了……

下一步

奶酪放得越久越香。蔬菜则是越新鲜越好。你现在的年龄如何让你成为一个更好的作家？

了不起的人物·一

在2岁～28岁中选择一个年龄：________

选择一种眼睛的颜色：________

选择一种头发的颜色：________

写出一座城市的名字：________

选择一种类型的住所：________

取一个拼音首字母是G的姓：________

取一个拼音首字母是S的名字：________

描写一种突出的身体特征：________

____

描写一种怪癖或特殊习惯：________

____

____

你现在就是这个人物。这样开头：

我记得停电时……

下一步

如果你感到创作力即将枯竭，不要担心。这是创作循环中必不可少的一个部分，称为“接受期”。当你处于这个阶段，重要的是放松，让灵感和创意自由流动。有些东西会激发循环的下一个阶段，称为“活跃期”。重要的是学会享受这两个阶段。试试看吧，走出去，接受这个世界！

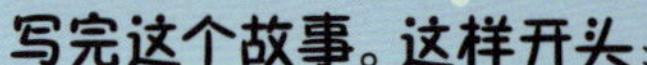

冬天最猛烈的暴风雪……

下一步

培养观察力的一种方法是，别去听“专家”的意见。例如，事先不要听天气预报，走出去，看看天空、地平线和现在的天气。描写这些，甚至可以做出你自己的天气预报。然后听听气象学家怎么说。看看你的描述和预测有多独特（没准儿还是准确的呢）。

小谎言

写完这个故事。

为沃克夫人铲雪，我拒绝收钱，但是我从来不会拒绝她的一杯热可可。今天，她跟我分享了她的独门秘方，我终于忍不住向她吐露了我的秘密……

下一步

你有没有在写作过程中的某个阶段向自己撒过谎？例如：准备完成（或提交）一篇作品，却一直说服自己你还没准备好。在雪球越滚越大之前改变这种心理状态。

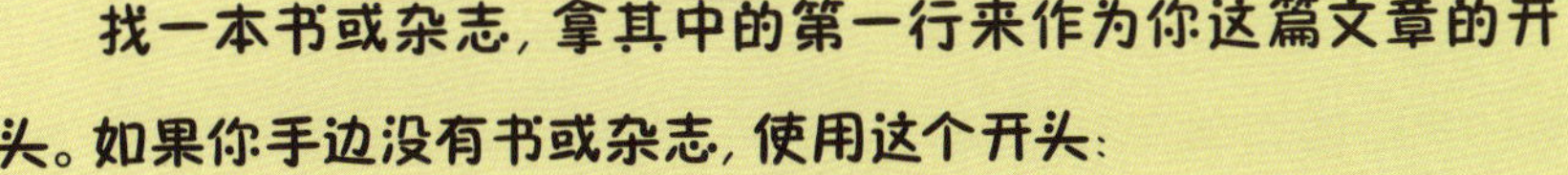

盗窃癖

找一本书或杂志，拿其中的第一行来作为你这篇文章的开头。如果你手边没有书或杂志，使用这个开头：

他像个好莱坞牛仔一样从马背上跳下来……

下一步

作家会偷窃（好吧，或者说借用）其他人的生活。写出你读到或听到过的关于别人的三个细节。接下来用十分钟写一个故事，把它们都用上。计时开始！

迷宫

生活中有许多曲折，有一种理论说很多经历就像走迷宫，你从入口走到迷宫的中心，然后原路返回。这个练习稍有不同。下面画了一个迷宫，从入口处开始写，写到中心，然后原路写出来。如果你的字足够小，能看到一进一出两行文字。不过你也可以写大字，出来的文字就盖在进去的文字上。不必在乎最终结果，反正都盖住了看不见。试试看。开头已经给出了。跟着迷宫的道路进去再出来吧。

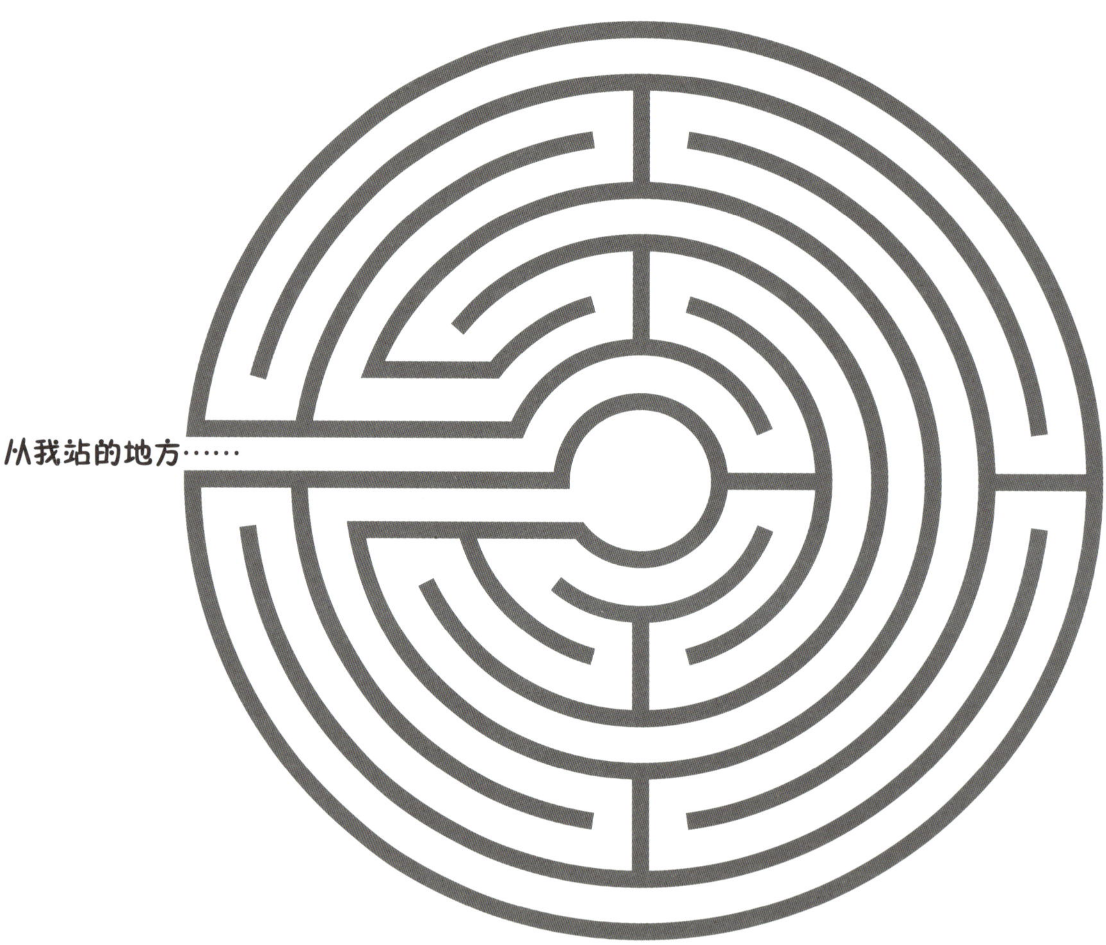

下一步

你是否为写完整个迷宫竟然花了这么长时间而感到惊讶？你坚持下来了吗？还是中途放弃了？最后走出迷宫的感觉怎么样？迷宫是写作过程的缩影。下次写作时，记住要保持耐心，循序渐进。不要中途泄气。你会写完的，你会找到终点……而且你很可能会充满幸福感和成就感。如果遇到一个像人生那么大的迷宫，努力走完它。这是非常宝贵的经历。

自拍画

我们都自拍过。但是你试过用写的吗？用文字描述一个你希望用照片捕捉的自拍时刻。唯一的限制是要写在右边的屏幕区域里。开头已经给出了。

下一步

2013年，"自拍"入选了《牛津英语词典》的"年度热词"。获得这个称号的词必须反映"当年的社会风潮、倾向和关注的焦点"。为了了解当下的出版趋势和读者兴趣，你都做了什么？

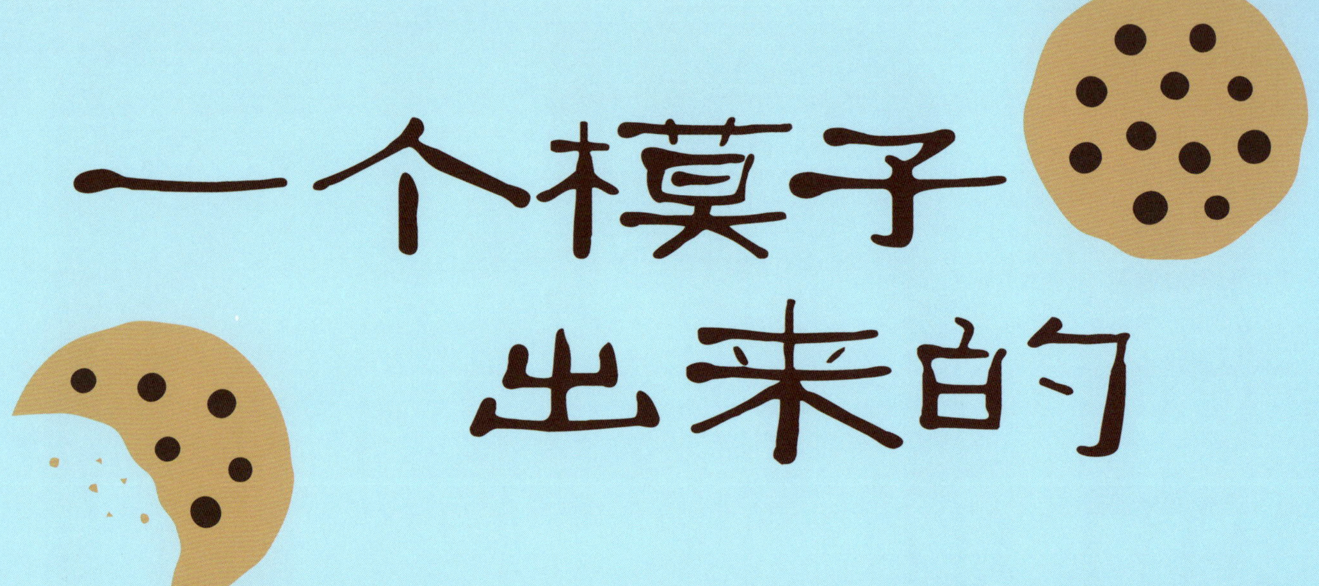

一个模子出来的

你是一个被送到地球上的外星人。你到达了纽约市中心，在一个街区中央着陆。你最先看到的是一种无法辨识的物体（地球人称之为融化的巧克力碎屑）。研究它。给你的母星发一则消息，描述你在地球上的第一个发现！

这样开头：

我们遇到了第一个……

下一步

把你的写作自我比喻成一种碎屑。是巧克力屑、土豆屑、冰屑，还是其他碎屑？为什么？你能把它弄得更碎吗？试试看！

舞蹈课

写完这个句子，然后把它用在故事中。

我对芭蕾舞的感觉就像 ________________

一样。

这样开头：

有时候我需要犯好几次错才能吸取教训……

下一步

写作时，你和你的笔就是在纸上跳舞。描写一次你的笔领舞，你只是跟随它的舞步的经历。（如果有必要就虚构一次。）

危险

写完这个故事。这样开头：

那是我遇到过的最危险的事情……

下一步

有时候我们不敢写作，因为害怕我们写下的东西会遭遇（危险）的反应。写作的定义中没有要求我们必须与其他人分享。想写什么就写什么。不过首先（现在），张开双臂拥抱自己，告诉自己你是安全的。这样做吧——感觉好极了！

生僻词·一

在你的故事中用上“塞地”“埃奎勒”“克瓦查”和“乌吉亚”——即使你可能不知道它们的意思。把故事背景设定在夏天热浪滚滚的纽约。这样开头：

好几层……

（这些词都是国际货币单位。“塞地”是加纳货币，“埃奎勒”是赤道几内亚货币，“克瓦查”是赞比亚货币，“乌吉亚”是毛里塔尼亚货币。）

下一步

我们都有过度使用的词。我的家人抱怨说，从一块新海绵到烟火表演，每件事我都用“太棒了”来形容。我们也有没能充分利用的词。例如，说你自己是一名作家、诗人、博客作者，有多大困难？是时候把这些自我描述加入你的词汇表了。

自造词

下面有四个网络语言中的自造词：

累觉不爱　　喜大普奔　　细思恐极　　人艰不拆

在故事中用上这四个词。这样开头：

我感到非常愉快……

下一步

当你把写作和金钱联系起来，会给你带来额外的激励吗？还是相反？为什么？

睡不醒

写完这个故事。这样开头：

现在我想起来了，那天我睡过头了……

下一步

如果你把明天的闹钟调早15分钟，你能完成什么写作任务？就这么做。如果后天继续这样做，你能完成什么任务？

对话框

在给出的对话框里写出两个人的对话。蓝色气泡代表一个人，绿色气泡代表另一个人。

如果你不介意……

下一步

我们可以滔滔不绝地谈论我们的计划。但重要的是我们的行动，特别是能否坚持到底。你在生活中的哪个方面做到了坚持？你能把这种精神用在写作中吗？

现实比小说更离奇

为你生活中的某个阶段写一篇自传。只有一件事情是100%虚构的，其他一切都是真实的。把这篇文章读给你的朋友听，看他们能不能找出其中的谎言！这样开头：

当我……

下一步

你有没有告诉过自己，你还不够好？都是怎么说的？写出其中两种说法。它们都是自欺欺人的谎言。

1. ______

2. ______

现在拿一支粗马克笔划掉它们，直到它们从你的心里完全消失。感觉好点了吗？

组合游戏

从每列选择一个词，写在下面。组成一个六个词的短语，作为这个写作练习的开头。

1	2	3	4	5	6
那个	俳句大师	悲伤地	损坏	栅栏	通过
一个	驯兽员	生气地	描述	报纸	一起
许多	武术教练	坚强地	传送	下跌	伴随
一些	放贷人	焦虑地	要求	猴子	那个
几个	传教士	热切地	代表	派	到
没有	外星人	粗鲁地	拘留	孩子	或者
三个	风琴手	随机地	争论	药物	因为
当	出纳员	吵闹地	记录	书	从
前	遛狗的人	冷静地	毁灭	糖果	和
九十九个	轮滑少年	完美地	加倍	饼干	后

你的选择：______ ______ ______

______ ______ ______

下一步

失败是成功之母：保罗·纽曼（Paul Newman）曾经为一出高中戏剧中的一个特别小的角色试镜，却没得到那个角色。杰瑞·宋飞（Jerry Seinfeld）曾经是一部电视剧的常驻角色，但是只演了三集就被炒了鱿鱼。20世纪70年代，梅雷迪斯·维埃拉（Meredith Vieira）曾经被一家地方电视台解雇。这些人现在是他们选择的领域中的超级英雄。他们本来可能在被拒绝后选择退出，但是他们没有这样做。如果你热爱写作，你也应该坚持到底。

欢迎选择

从第一列中选择一个“数量”，写在表格下方。然后从后几列中分别选择形容词、名词和动词。选完以后，你会得到一个奇怪的短语作为故事的开头。现在从最后一列圈出一个词，必须把它用在故事中。根据你现在的时间表选择一个时间限制，设定计时器，写到最后时限。

数量	形容词	名词	动词	圈出一个词
太多	可悲的	保安	哭泣	舞厅
六百	高兴的	笔记本电脑	滚动	酒窝
一些	传染的	相机	嚼	乌木
将近一百万	脆弱的	龙	娱乐	地球
不到一打	有弹性的	魔术师	打架	锤子
四十二	坚决的	自卫队	跳跃	柠檬
一打左右	暴躁的	棉花糖	旋转	美人鱼
许多	好奇的	罪犯	拉	鹈鹕
未知数量	嫉妒的	金鱼	散步	雨
大量	破烂的	足球运动员	吃	内衣
几乎没有	有进取心的	精灵	实现	小提琴
微弱多数	缓慢的	巫师	抓住	悠悠球

你的选择：

__________ __________ __________ __________

下一步

做选择时，大多数人可以分成两类：满意者和最大化者。满意者一旦标准得到满足就采取行动。他们只要看到一辆汽车的品质达到他们的要求，就感到满意并做出决策。最大化者希望做出最佳决策。即使他们看到一辆汽车能够满足他们的要求，在看完所有可供选择的产品之前也不会做出决策。巴里·施瓦茨（Barry Sahwartz）在《选择的悖论》（*The Paradox of Choice*）一书中指出，满意者通常比最大化者更快乐。你属于哪一种？你通常是如何决定要写某件事或某个人的？又是如何判断一篇作品是否已经完成的？

很远很远的地方

想一个你讨厌的人。想一个你想把这个人送去的地方。然后在心里把他送走！带着这种感觉，这样开头：

明信片收到了……

下一步

描述你理想中的写作地点。要非常具体。

下次写作时，在心里去那个地方。看看你的作品会有什么改变。

脚印

写完这个故事。这样开头：

涂脚指甲油总是……

下一步

如果你的脚底板上长了眼睛，能够看穿地板，现在会看到什么？写下来。

写作是观察力和想象力的结合。

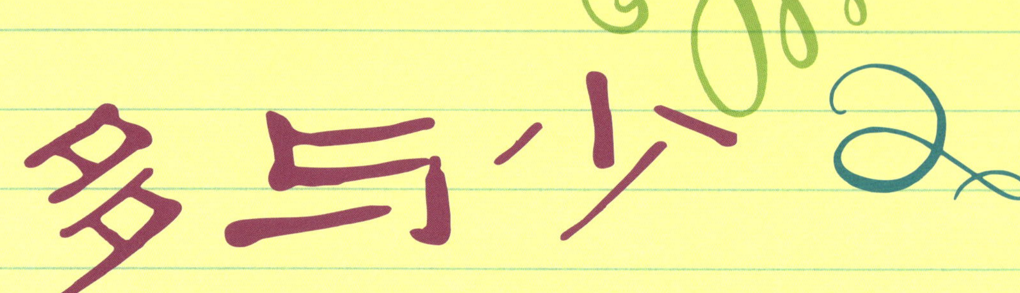

多与少

如果把你的写作比作下面这些事物，它会是什么样？阅读第一列中的问题，在第二列写下简单的答案。在第三列中写下对你来说这是好事还是坏事。在第四列中写下一个点子，让坏事变少，好事变多。回答完所有十个问题，选择一个，今天就付诸实践。

你的写作像……	简单的答案	好事还是坏事？	一个点子
减肥？			
航海？			
第一次约会？			
指挥交响乐队？			
坐过山车？			
做一顿大餐？			
种菜？			
教小孩走路？			
组织一次活动？			
建一幢房子？			

下一步

我的车上有一块磁贴，上面写着：多唱赞歌，少唱反调。如果你也有一块关于写作的磁贴，上面会写些什么？

多 ________________ 少 ________________

胆小的狮子

看看你能用DAN、XIAO、DE、SHI、ZI这五个读音组出多少两个字的词（比如：但是、胆子、消失、子弹、姿势，等等）。目标是15个词。

尽可能在故事中用上所有15个词，这样开头：

他消失了……

下一步

胆怯和强烈的渴望都会出现在我们的梦中。记录梦境能为写作提供优秀的素材。现在就花一分钟记录最近的一个梦，作为未来写作的灵感火花。

勇敢的狮子

写完这个故事。这样开头：

他的名字叫作辛巴，我……

下一步

你什么时候最有创造力，早晨、下午、晚上还是半夜？为什么一天中的这个时间能让你更有创造力？你能在一天中的其他时间复制这种特点，同样享受写作吗？试试看。

光头芭蕾舞女

从“光头”这个词开始，自由联想。想到什么就写什么。

光头

从上面这段文字中圈出六个有趣的词。把它们用在一个故事里，故事的主人公是一名芭蕾舞女。这样开头：

我在后台……

下一步

想一件被你排在次要位置的事。列出完成它的有利和不利条件。无论你选择完成还是放弃，知道你做出了选择，感觉都会更好。

小段落

这是一个记录记忆碎片的机会。使用给出的开头。

我记得冲进……

我记得拖着……

我记得推着……

我记得掩盖……

我记得决定……

我记得选择……

下一步

还记得放松的感觉吗？绷紧身体里的每一块肌肉，保持20～25秒。然后放松。啊哈，现在开始写吧。

写完这两句话：

我唱歌就像……

我跳舞就像……

现在把这两句话用在一个故事里，这样开头：

我们来到运河大街……

下一步

把写作跟唱歌跳舞相比。写作有什么不同？更容易吗？还是更难？它们有什么相似之处？你能把三者结合起来吗？

真实的告白

你在乘巴士长途旅行。坐在你旁边的人刚好要跟你去同样的目的地，你很肯定以前从来没有见过他，同样肯定以后也不会见到他了。你决定不告诉他你的名字或任何能让这个人认出你的其他信息。相信你的秘密是绝对安全的，你决定向这个人坦白某件事。

从这个列表中选择其中之一，作为你告白的关键：赝品、卧室、唐人街、欺骗、锁链、朋友、子弹、失误、便当、贿赂、误解、金钱、回忆、总体规划、花瓶、门廊、汽车、暴力、进库、雾、诡计、狩猎、伤害、报纸、许可证、泡菜、禁止、律师、迷路、战利品、搭便车、爱情、商店、跟踪、陌生人、罪恶、事故、马后炮、焦虑。

这样开头：

不久之前……

下一步

承认你对自己作为作家的恐惧和怀疑，是克服它的开始。在一张纸上写下你的告白，然后大声念给自己听。现在写下对这份告白的反对意见，或者能让你积极看待它的其他陈述。划掉最初的告白。对着镜子，大声朗读新的反对意见。多念几遍，直到你能够背下来，能够看着镜子里自己的眼睛说出这些话。例如：因为从来没有学习过英语语法，有人请我校订他们的作品时，我感觉自己像个骗子。重写：当我校订别人的作品时，我有一种天赋，能够发现语法错误，做出必要的修正。差别很大，不是吗？

迷信

下面有一些迷信的说法，选择其中一种作为下次写作的灵感：

- 如果一只蜜蜂飞进你家，预示着很快会有访客到来。如果你杀死了这只蜜蜂，访客会不高兴的。
- 触摸蓝色的东西，你的愿望就会实现。
- 如果你的右耳朵痒，是有人在说你的好话。

这样开头：

每当电话铃声响起……

下一步

你接起电话，另一头是一位你崇拜的（活着的）作家。你会说些什么，来请他阅读你的作品？把这些话记在一张便条上，找到这位作家的通讯录，寄出便条，然后忘掉这件事。

生活中充满巧合。描写一次你真实经历过的巧合。这样开头：

太巧了……

下一步

我们购物时会迸发灵感，这不是巧合。根据购物车中的这些物品描写一个人物：橘色的人字拖、一组固定螺栓套件、12本黄色拍纸簿。

下次你去购物时，观察别人的购物车，发挥想象力，塑造更多的人物，或者根据其中的物品进行写作练习。

了不起的人物·二

圈出一个年龄：

18 19 20 21 22 23 24 25 26 27 28

眼睛的颜色：

头发的颜色：

一座城市的名字：

一个住处或一座房子：

一种突出的身体特征：

一种爱好：

用拼音首字母C和B起一个名字：

现在你就是这个人物。这样开头：

我已经礼貌地提出了问题，但是显然……

下一步

对话是开始一个故事的好办法。想象你的人物是两名机场的行李领取员。计时十分钟，让这两个人开始交谈。

排队

从第一列开始写，写满后转到第二列……以此类推，直到第六列。

这样开头：…

1

等待…

2

3

4

5

6

下一步

如果你在排队等待一位喜欢的作家签名，你会如何对旁边没有排队的人介绍这位作家的作品，让他们想要加入你的行列？现在设想你希望其他人如何谈论你的作品。朝着这个目标努力。

缩写

用你的姓名缩写创造这些内容，写一个故事。

	跟你的姓的拼音首字母相同	跟你的名的拼音首字母相同
一种水体		
一种花		
一种食物		
姓（跟你自己的姓不同）		
名（跟你自己的名不同）		

现在你有了两个人物——每列一个——以及一组可以创造性地使用的词语！例如：如果你的花是牵牛花，它可以是一个昵称。如果你的食物是水果糖，它可以是某人的心理状态！如果你的水体是潺潺的小溪，把它用在一个比喻中。

描写这两个人物，这样开头：

有时候事情……

下一步

想想什么样的火花能够激发你的创作欲望。现在你又捕捉到了这个火花，你能做些什么来保住它，让你每次坐下来写作时都能感受得到？

母与女

你是一位母亲，正在为青春期的女儿购买新学年的衣服。你不赞成她的选择。这样开头：

对不起，但这太……

下一步

列一个清单，记录你生命中那些跟父母观点相左的时刻。你可能从中发现许多优秀的写作素材。今天就把其中一个时刻写下来。

浴室幽默

当我主办写作训练营时，我们坐成一圈，每个人用几句话介绍自己。几乎所有的自我介绍都跟写作无关。比如：喜欢的万圣节装扮、早餐吃了什么，或者早上按下了多少次闹钟才起床。其中最幽默的一个题目的灵感来自我们聚会过的所有书店中最脏乱的卫生间：“描述你最喜欢的公共卫生间……如果没有，描述你最不喜欢的。”现在你也来这样做吧！

下一步

带着这本书去浴室，站在淋浴器或浴缸旁边。大声说五遍“我是个作家！”。让声音在墙壁间回荡。

描写这个时刻勾起的往日回忆。在家里的其他地方这样做，然后写下你的回忆。

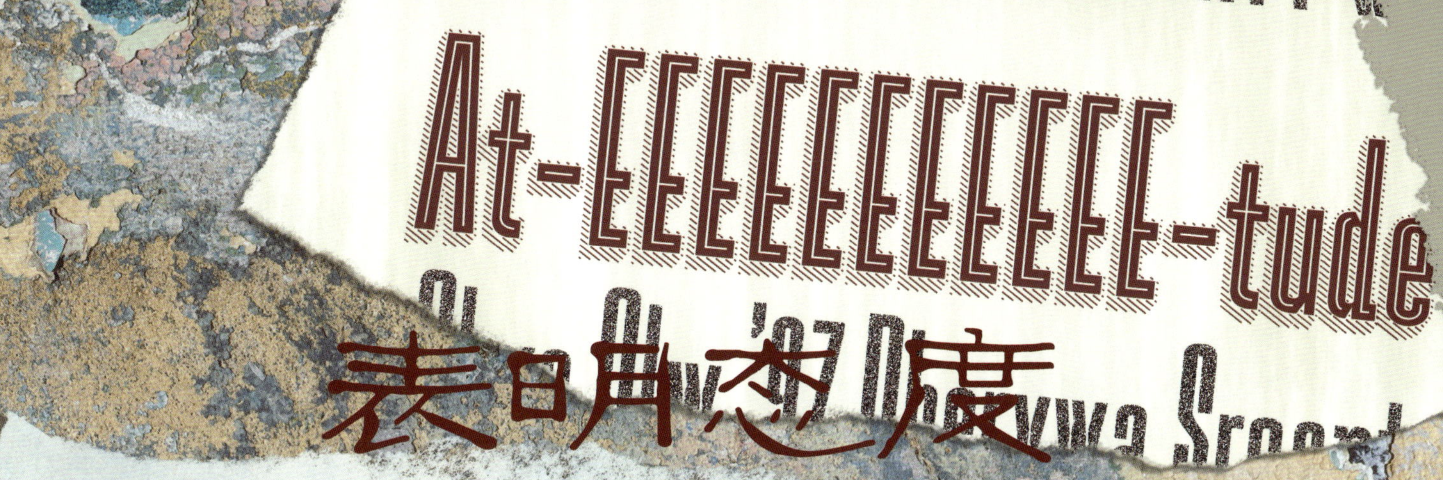

表明态度

写完这个故事。这样开头：

他出生在贫民区，是个坚强的……

下一步

跟谁在一起时，你的作家自我感觉最舒服？为什么？

跟谁在一起时，你的作家自我感觉最不舒服？为什么？

做些什么来改变这种状况。

想象你正拿着一根香蕉……想象它的感觉、气味、味道和颜色。写下三段印象或回忆。

1.

2.

3.

现在把这三段回忆用在一个故事里。这样开头：

这样好极了……

下一步

如果说“好人垫底”是真的，在你的写作中，为了更进一步，哪些“好人”的特征是你可以消除的？没有了这些特征，你今天会做些什么来推进你的写作？

有时候行距会影响你的写作。本页的行距非常窄，试试看。这样开头：

逃跑是唯一的……

下一步

写出一个当事情变得棘手时你能逃去的地方（即使只存在于你的想象中）。用上所有五种感官，让别人能够看到、感觉到、听到、尝到和闻到它。

字谜

这个练习中散布着一些拼字游戏中的字母方块。写到每一个方块的位置时，如果能用它作为那个词的拼音首字母，得两分。目标100分！

你的得分：________

在监狱中…… A R A

Y A

R R

O Y

H G

W E Q

E N M M

Y O

E

E O C A

R X

A C L

L T B Y

B C O

A C E

T A

C

E E

A Y K

Y F

下一步

用不到100字描写一个你真正感觉活着的时刻。下次写作时用上这种感觉。

从恨到爱

英语里的“恨”（hate）和“爱”（love）都是四个字母，每次改变一个字母，就能把“恨”变成“爱”。

恨（hate） 比率（rate） 咆哮（rave） 洞穴（cave） 峡谷（cove） 爱（love）

在故事中用上所有这六个词。这样开头：

因纽特人……

下一步

你的作品非常兴奋，因为你给了它这么多时间和关注。现在它激动得要给你写一封情书。把你的笔借给它，手也借给它，写下这封信。

楚楚动人

想象一件紧身衣。写出你能想到的四种材质。

1. ________ 3. ________

2. ________ 4. ________

现在想象一条围巾。写出你能想到的四种材质。

1. ________ 3. ________

2. ________ 4. ________

把它们都用在一个故事里，这样开头：

午夜的城市街头是完美的背景……

下一步

当你写作时，背后悬挂的理想背景是什么？

拍一张照片或者画一幅画，来制造这种氛围。把它挂在你身后。当你需要一点激励时，给自己放个假，转身看看它。

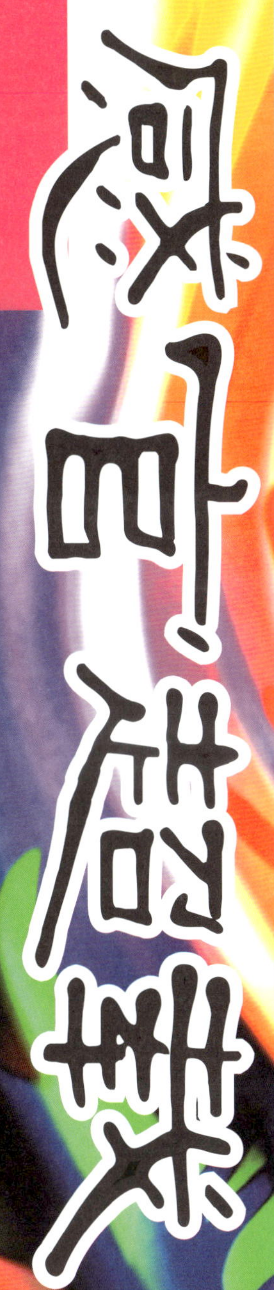

写出下面这些内容：

你在一次行政会议上看到的东西：

你喜欢的一种布料：

城市的一种气味：

与农场有关的一种声音：

童年回忆中的一种味道：

在作品中用上所有这五种感官。这样开头：

教堂的钟……

下一步

每年7月4日，自由的钟声都会象征性地敲响。（真实的自由钟已经太破旧，不能敲了。）每次我想要表扬自己而情况又不允许时，我都会左手握拳，迅速举起。没有人注意到，而我自己感觉好极了。你会做什么动作来认可自己？

了不起的人物

在48岁到98岁之间选择一个年龄：

头发颜色：

眼睛颜色：

一座城市的名字：

一个住所或一座房子：

拼音首字母是S的姓：

拼音首字母是R的名：

宠物：

喜欢去的地方：

你现在就是这个人。这样开头：

流星……

下一步

婴儿床上方的挂饰中没有流星，但是通常会有星星和其他让婴儿感兴趣的东西。你的书桌周围可以挂上哪些东西来引起你的兴趣？或许你真的应该挂一个。

喜欢的颜色

选择一种你喜欢的颜色。在本页的每一个中括号里写上它（或者不同深浅的变种）。现在填写其他地方。

这样开头：

[　　　　　　　]就像……　　　　　　　　[　　　　　　　]

[　　　　　　　]

[　　　　　　　]

[　　　　　　　]

[　　　　　　　]

[　　　　　　　]

[　　　　　　　]

下一步

当你忘我地投入写作时，你是什么颜色的蜡笔或马克笔？为什么？为了迅速进入状态，或者保持写作的动力，找一支这个颜色的蜡笔或马克笔。明天就用它来写作——一整天！

形状各异

在给出的四个形状中写四段短文。形状本身也要作为作品的一部分。形状之间也要写！如果你喜欢，用一个共同的主题把四段短文连起来。

我看待它的方式……

友情是个迷宫，我……

如果我能够……

不是他说了什么，而是他……

下一步

写作之前做一些有氧运动。当你心脏狂跳、汗流浃背时，开始落笔。在真正尝试之前，你认为这会如何影响你的作品？

远见

写完这几段短文。开头已经给出了。

他朝我使眼色……

我眨了眨眼睛……

她眨了眨眼睛……

他总是眯着眼睛……

下一步

有远见的人看到趋势。作家也必须跟踪趋势，才能适时地写出文章和书评。列出你通过阅读、观察、跟比你年纪小的人接触了解到的三种趋势。尝试其中一种。

生僻词·二

在故事中用上“卡钦那”“诺阿利”“噙敌”和“凯欧狼”——即使你可能不知道它们是什么意思。把故事的背景设定在淘金热中。

这样开头：

绳子拴得很紧……

（这些词都来自印第安纳瓦霍神话：“卡钦那”是幻化成水族的祖先之灵，“诺阿利”是传说中第一个男人和第一个女人所生的雌雄同体双胞胎，“噙敌”是没有正确酣睡的不安灵魂，“凯欧狼”是神话中的罪恶之源。）

下一步

你有没有留意过这种现象，刚刚学会一个新词，然后突然间发现它到处都是？思想也是。聚焦于你写作生涯中想要实现的某些积极的东西。写下来。现在看看它会出现在哪里，发生什么事。

命名游戏

二

完成下面四段文字，每段的开头相同，但你的名字会改变。

你叫阿什利。这样开头：

格子花呢衬衫……

你叫范妮。这样开头：

格子花呢衬衫……

你叫泰伯。这样开头：

格子花呢衬衫……

你叫莫里斯。这样开头：

格子花呢衬衫……

下一步

如果要给你的写作自我下个定义，你会是教授、拖延症患者还是普罗米修斯？高产者？处理器？还是其他？想象自己是个职业作家，给自己起一个笔名。

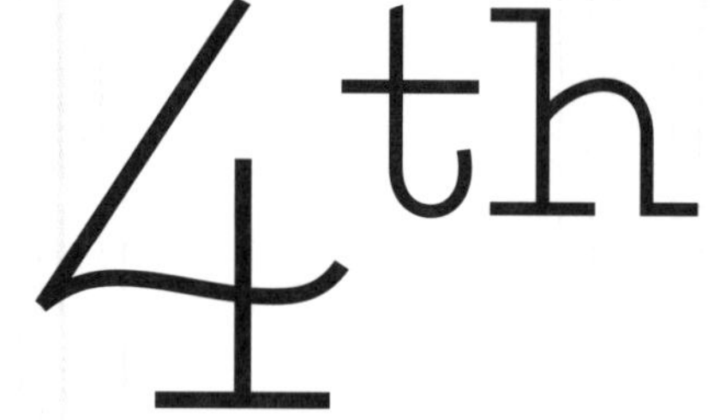

珠宝·眼睛·第四

在这个故事中用上“眼睛”“珠宝”和“第四”这几个词。这样开头：

城市的七月通常……

下一步

选出六段关于七月的回忆。把它们作为你未来写作的灵感。

新闻故事

沃尔特·克朗凯特（Walter Cronkite）经常用"就是这么回事"来结束新闻广播。

在这篇写作练习里用上这句话，用两次。这样开头：

他开了个好头……

下一步

写下四个你从新闻中听到或看到的故事，作为小说、博客或其他文章的素材。下次你需要写点什么的时候，用上其中一个。

六合之内

别动地方，写下你视线之内的六件事物：可以是行为、人、物品、质地或者情绪：

现在把这六件事物都用在一篇作品里，这样开头：

真有趣，越是……

下一步

视角会影响故事。把上面这篇文章由第一人称视角改为第三人称视角。你觉得只修改代词够吗？你还希望修改什么？现在试试看。有什么出乎意料的吗？

时间的标记

本页给出了一些交通标志用语，写到出现的位置时用上它们。

这样开头：

每次我……

软路肩

让行

车辆汇入

减速慢行

下一步

你对每天花了多少时间在写作（不限于创作）上有概念吗？记录24小时日志看一看。包括发短信、写电子邮件、列清单，等等。在你这样做之前，猜猜大概的数字会是多少。做完后看看你的猜测有多接近。

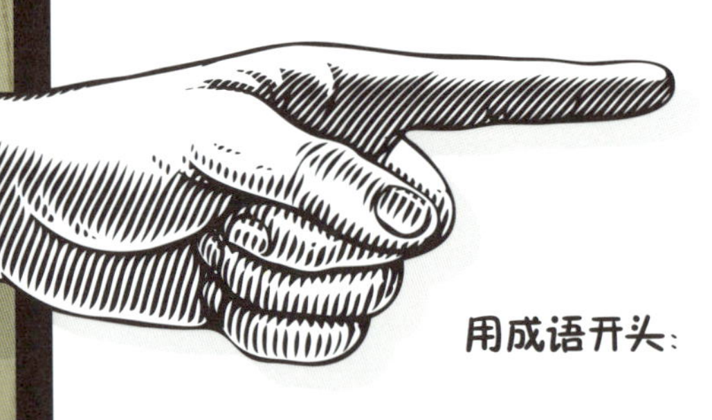

快乐成语 · 二

用成语开头：

我感到情势不妙，但是……

用成语结束：

鹤立鸡群。

下一步

在鼓励你创作方面，哪个人鹤立鸡群？即使他只给过你小小的鼓励，也给他写一封简短的感谢信。

设计者与图片版权

设计者

CLAUDEAN WHEELER: 1–19, 21–23, 26, 27, 29
ZACH NICOLAS: 20, 24, 25, 28, 30, 215–221, 226–229, 290–302, 304–306, 369, 371, 372, 374, 377, 378
ALEXIS BROWN: 31–60, 120, 122, 318, 337
GEOFF RAKER: 61–86
BAMBI EITEL: 87–112
ELYSE SCHWANKE: 113–119, 121, 123–138
BRIANNA SCHARSTEIN: 139–164
LAURA KAGEMANN: 165–177, 190–214
BRIAN ROETH: 178–189, 240-264
JENNIFER HOFFMAN: 222–225, 230–239
DAN PESSELL: 265–289
CLARE FINNEY: 303, 307–314
RONSON SLAGLE: 315–317, 319–336, 338, 339
JULIE BARNETT: 340–364
ADAM LADD: 365–368, 370, 373, 375, 376, 379–389

图片版权

1 Fotolia.com/Rachel Arnott; **2** Fotolia.com/Andrey Kuzman; **3** Fotolia.com/muchmania; **4** Fotolia.com/Galina Pankratova; **6** Fotolia.com/grgroup; **11** Fotolia.com/mangpor2004; **12** Fotolia.com/incomible; **13** Fotolia.com/siraphol; **14** Fotolia.com/Okea; **16** Fotolia.com/pywork; **17** Fotolia.com/moypapaboris; **18** Fotolia.com/Thanks For Purchase; **21** Fotolia.com/exopixel; **22** Fotolia.com/Omar Kulos; **23** Fotolia.com/Sergey Drozdov; **24** Shutterstock.com/Marish; **25** Zach Nicholas; **26** Fotolia.com/erika8213; **27** Fotolia.com/BillionPhotos.com; **29** Fotolia.com/vetalgard; **30** Zach Nicholas; **31** Shutterstock.com/Ameu; **32** Fotolia.com/CurvaBezier; **33** Shutterstock.com/Micra; **34** Shutterstock.com/vvvisual; **35** Shutterstock.com/Complot; **36** Shutterstock.com/snapgalleria; **37** Shutterstock.com/smilewithjul; **38** Shutterstock.com/Doremi; **39** Shutterstock.com/kmlmtz66; **41** Shutterstock.com/MikeMcDonald; **42** Shutterstock.com/g/ martynmarin; **43** Shutterstock.com/Doremi; **44** Shutterstock.com/g/karnoff; **45** Shutterstock.com/mymayday; **46** Shutterstock.com/Doremi; 47 Shutterstock.com/mhatzapa; **48** Fotolia.com/CurvaBezier; **49** Shutterstock.com/jorgenmcleman; **50** Shutterstock.com/lavitrei; **51** Shutterstock.com/IvanNikulin; **52** Shutterstock.com/Seita; **53** Fotolia.com/stocksolutions; **54** Shutterstock.com/IakovKalinin; **55** Shutterstock.com/kotoffei; **56** Shutterstock.com/openeyed; **57** Shutterstock.com/Complot; **58** Shutterstock.com/Happy_Inside; **59** Shutterstock.com/Dooder; **60** Shutterstock.com/lyeyee; **61** Fotolia.com/greatandlittle; **62** Fotolia.com/Style-o-Mat; **63** Fotolia.com/CurvaBezier; **64** Fotolia.com/Becker, Fotolia.com/windu; **65** Fotolia.com/sergio34; **66** Fotolia.com/natbasil; **67** Fotolia.com/sukporn; **68** Fotolia.com/BillionPhotos.com; **69** Fotolia.com/WildOrchid; **70** Fotolia.com/fiore26; **71** Fotolia.com/luigi giordano; **72** Fotolia.com/Capeman29; **73** Fotolia.com/sveta; **74** Fotolia.com/Danomyte; **75** Fotolia.com/okalinichenko; **76** Fotolia.com/Maksim Pasko; **77** Fotolia.com/GstudioGroup; **78** Fotolia.com/karandaev; **79** Fotolia.com/445017; **80** Fotolia.com/olly; **81** Fotolia.com/Oculo; **82** Fotolia.com/Cindy Xiao, Fotolia.com/stokkete, Fotolia.com/nikolarakic; **83** Fotolia.com/stuart, Fotolia.com/AlexanderNovikov, **84** Fotolia.com/chab3; **85** Fotolia.com/Dessie; **86** Fotolia.com/AfricaStudio; **87** Fotolia.com/Anna Kucherova; **88** Fotolia.com/- Bitter -; **89** Fotolia.com/incomible; **90** Fotolia.com/ufotopixl10; **91** Fotolia.com/melindula; **92** Fotolia.com/AbsentAnna; **93** Fotolia.com/Login; **94** Fotolia.com/mangpor2004; **95** Fotolia.com/Real Illusion; **96** Fotolia.com/avian; **98** Fotolia.com/eobrazy_pl; **99** Fotolia.com/Dooder; **100** Fotolia.com/kaktus2536; **101** Fotolia.com/Lonely; **102** Fotolia.com/Dejan Jovanovic, Fotolia.com/piai; **103** Fotolia.com/baluchis; **104** Fotolia.com/boomingpie; **105** Fotolia.com/baluchis; **106** Fotolia.com/slybrowney; **107** Fotolia.com/Transfuchsian; **108** Fotolia.com/Ildogesto; **109** Fotolia.com/PrettyVectors; **110** Fotolia.com/beachboyx10; **111** Fotolia.com/depiano; **112** Fotolia.com/olgash_i; **113** Fotolia.com/Rawpixel; **114** Elyse Schwanke; **115** Elyse Schwanke; **116** Fotolia.com/Pakhnyushchyy; **117** Elyse Schwanke; **118** Elyse Schwanke; **119** Fotolia.com/oly5, Elyse Schwanke; **120** Shutterstock.com/KakigoriStudio; **121** Fotolia.com/magnia; **122** Shutterstock.com/Ezepov Dmitry; **123** Elyse Schwanke; **124** Fotolia.com/Iveta Angelova; **125** Elyse Schwanke; **126** Fotolia.com/Igor Serazetdinov, Elyse Schwanke; **127** Fotolia.com/ngocdai86; **129** Elyse Schwanke; **130** Elyse Schwanke; **131** Fotolia.com/Petr Vaclavek, Fotolia.com/pixelrobot, Fotolia.com/Georgios Kollidas; **132** Fotolia.

com/sararoom, Fotolia.com/Ekaterina Molodtsova, Elyse Schwanke; **133** Fotolia.com/dimakp, Elyse Schwanke; **135** Fotolia.com/tackgalichstudio; **136** Fotolia.com/natbasil, Elyse Schwanke; **137** Elyse Schwanke; **138** Fotolia.com/rtguest, Elyse Schwanke; **139** Fotolia.com/KirstyPargeter; **140** Fotolia.com/eatcute; **141** Fotolia.com/merydolla; **142** Fotolia.com/Denchik; **143** Brianna Scharstein; **144** Fotolia.com/karandaev; **145** Fotolia.com/vatrushka; **146** Brianna Scharstein; **147** Fotolia.com/reich; **148** Fotolia.com/riedja, Fotolia.com/mesamong, Fotolia.com/swillklitch; **150** Fotolia.com/thirteenfifty; **151** Fotolia.com/Africa Studio, Fotolia.com/AlenKadr; **153** Fotolia.com/Mikrobiuz; **154** Fotolia.com/blueringmedia; **155** Fotolia.com/Igor; **157** Fotolia.com/Rorius; **158** Fotolia.com/fireflamenco; **159** Fotolia.com/Lonely; **160** Fotolia.com/karandaev; **161** Fotolia.com/Anna-Mari West, Fotolia.com/rtguest; **162** Fotolia.com/Orlando Florin Rosu; **163** Fotolia.com/RetroClipArt, Fotolia.com/ferumov; **164** Fotolia.com/Galyna Andrushko; **165** Fotolia.com/Frog 974; **166** Fotolia.com/palau83; **167** Fotolia.com/hofred; **168** Fotolia.com/nuttapol, Fotolia.com/iuneWind; **169** Fotolia.com/macrovector; **170** Fotolia.com/rashadashurov; **171** Fotolia.com/valeo5, Fotolia.com/eatcute; **172** Fotolia.com/lightgirl; **174** Fotolia.com/scol22; **176** Laura Kagemann; **177** Fotolia.com/rashadashurov; **178** Fotolia.com/Eric Isselée, Fotolia.com/Carolyn Franks, Fotolia.com/anankkml, Fotolia.com/viperagp, Fotolia.com/worldofvector; **179** Fotolia.com/mizar_21984; **180** Fotolia.com/chones; **181** Fotolia.com/worldofvector; **182** Fotolia.com/nortivision; **183** Fotolia.com/katrinaelena; **184** Fotolia.com/Sura Nualpradid; **185** Fotolia.com/picsfive, Fotolia.com/pressmaster; **186** Fotolia.com/mimacz, Fotolia.com/vladvm50, Fotolia.com/Gstudio Group, Fotolia.com/Dimitar Marinov, Fotolia.com/logistock, Fotolia.com/teracreonte, Fotolia.com/oxyggen, Fotolia.com/koolander, Fotolia.com/RA Studio; **187** Fotolia.com/Ekler; **188** Fotolia.com/picsfive; **189** Fotolia.com/bramgino; **190** Fotolia.com/Danussa; **191** Fotolia.com/cirodelia; **192** Laura Kagemann; **193** Fotolia.com/nokastudio; **194** Fotolia.com/cunico; **195** Fotolia.com/hypnocreative; **196** Fotolia.com/click_and_photo; **199** Fotolia.com/Bartlomiej Zyczynski; **200** Fotolia.com/kittitee550; **201** Fotolia.com/Neo Edmund; **202** Fotolia.com/podshibykin; **203** Fotolia.com/okalinichenko; **205** Fotolia.com/cirodelia; **206** Fotolia.com/Lonely; **207** Fotolia.com/jodo19; **208** Fotolia.com/emuemu; **209** Fotolia.com/archideaphoto; **210** Laura Kagemann; **211** Fotolia.com/adimas; **212** Laura Kagemann; **213** Fotolia.com/Iveta Angelova; **217** Fotolia.com/Wissanu99; **218** Fotolia.com/olliethedesigner; **219** Fotolia.com/Wissanu99; **222** Fotolia.com/2xSamara.com, Fotolia.com/serkucher; **223** Fotolia.com/kyoko; **225** Fotolia.com/GiuseppePorzani; **226** Fotolia.com/archideaphoto; **228** Fotolia.com/Andrii Pokaz; **229** Fotolia.com/9comeback; **230** Fotolia.com/Casther; **231** Fotolia.com/magann; **232** Fotolia.com/kmit; **233** Fotolia.com/Irochka; **234** Fotolia.com/frozenmost; **235** Fotolia.com/Alexander Zelnitskiy; **236** Fotolia.com/Feng Yu; **237** Fotolia.com/dwph, Fotolia.com/Neptune; **238** Fotolia.com/eyeretina; **239** Fotolia.com/mysontuna; **240** Fotolia.com/Daniel Heywood; **241** Fotolia.com/fotomatrix; **242** Fotolia.com/zhelunovych; **243** Fotolia.com/HieroGraphic; **244** Fotolia.com/Rada Covalenco; **245** Fotolia.com/najtli; **246** Fotolia.com/sunny_lion; **247** Fotolia.com/rudall30; **248** Fotolia.com/aeroking; **249** Fotolia.com/LeonART, Fotolia.com/mhatzapa; **250** Fotolia.com/RetroClipArt; **251** Fotolia.com/picsfive; **252** Fotolia.com/Sveta; **253** Fotolia.com/Anna Frajtova; **254** Fotolia.com/romvo; **255** Fotolia.com/Seamartini Graphics; **256** Fotolia.com/Adrian Niederhäuser; **257** Fotolia.com/Nik_Merkulov; **258** Fotolia.com/noscovaolga; **259** Fotolia.com/marforrstock; **260** Fotolia.com/th3fisa; **261** Fotolia.com/Fotographix; **262** Fotolia.com/chones; **263** Fotolia.com/Ekaterina Garyuk; **264** Fotolia.com/shadowalice; **265** Fotolia.com/Sylwia Nowik; **266** Fotolia.com/Maksim Shebeko, Fotolia.com/loreanto; **267** Fotolia.com/goodween123; **268** Fotolia.com/wayne_0216, Fotolia.com/jineshgopikklm, Fotolia.com/Ljupco Smokovski; **269** Fotolia.com/jonnysek; **271** Fotolia.com/photosvac; **272** Fotolia.com/fotoatelie; **273** Fotolia.com/elophotos; **274** Fotolia.com/Gianfranco Bella; **275** Fotolia.com/eugenesergeev; **276** Fotolia.com/Arsgera; **277** Dan Pessell; **278** Fotolia.com/ra2 studio, Fotolia.com/Virynja; **279** Fotolia.com/Photobank; **280** Fotolia.com/tomo; **281** Fotolia.com/Irochka; **282** Fotolia.com/Ljupco Smokovski; **283** Fotolia.com/Dmytro Sukharevskyy; **284** Fotolia.com/cirodelia; **285** Fotolia.com/sutichak; **286** Dan Pessell; **287** Fotolia.com/zsooofija; **288** Fotolia.com/jonbilous; **289** Fotolia.com/tinadefortunata; **290** Zach Nicholas; **291** Fotolia.com/Garry Images; **292** Zach Nicholas; **293** Zach Nicholas; **294** Zach Nicholas; **295** Fotolia.com/Aleksandra Novakovic, Zach Nicholas; **296** Zach Nicholas; **297** Zach Nicholas; **298** Fotolia.com/girafchik; **299** Zach Nicholas; **300** Fotolia.com/lestyan; **301** Zach Nicholas; **302** Zach Nicholas; **303** Fotolia.com/Jorge Alejandro; **304** Zach Nicholas; **305** Zach Nicholas; **306** Fotolia.com/eatcute; **307** Fotolia.com/rtguest, Fotolia.com/patrimonio designs; **308** Fotolia.com/mattasbestos, Fotolia.com/liravega.ai; **309** Fotolia.com/jesadaphorn; **310** Fotolia.com/dule964, Fotolia.com/Uros Petrovic; **311** Fotolia.com/headcircle, Fotolia.com/eat cute; **312** Fotolia.com/00798; **313** Fotolia.com/photoestelar 3; **314** Fotolia.com/Rada Covalenco; **315** Ronson Slagle; **316** Fotolia.com/Giorgio Clementi; **317** Ronson Slagle; **318** Shutterstock.com/veron_ice; **319** Ronson Slagle; **320** Ronson Slagle; **322** Ronson Slagle; **324** Fotolia.com/Sebastian Kaulitzki; **325** Fotolia.com/bannosuke; **326** Fotolia.com/Julia Tim; **327** Fotolia.com/Meliha Gojak; **329** Fotolia.com/aaabbc; **331** Ronson Slagle; **334** Ronson Slagle; **339** Fotolia.com/Ludmila Baryshnikova; **340** Fotolia.com/Andrey Kuzmin; **342** Fotolia.com/evgenyi; **343** Fotolia.com/aopsan; **344** Fotolia.com/rashadashurov; **346** Fotolia.com/MassimoSaivezzo; **347** Fotolia.com/ilqarsm; **348** Fotolia.com/ra3rn.tif, Fotolia.com/rashadashurov; **350** Fotolia.com/MG1408, Fotolia.com/teerawat_camt, Fotolia.com/Oksana; **355** Fotolia.com/calmacanul; **357** Fotolia.com/brat82; **358** Fotolia.com/binik; **360** Fotolia.com/Fly_dragonfly; **361** Fotolia.com/Kudryashka; **363** Fotolia.com/Masson; **364** Fotolia.com/-Bitter-; **365** Fotolia.com/lestyan; **366** Fotolia.com/studiostoks; **367** Fotolia.com/denis_pc; **370** Fotolia.com/Lonely; **373** Fotolia.com/sundarananda; **376** Fotolia.com/BillionPhotos.com; **382** Fotolia.com/molowpoly; **383** Fotolia.com/karandaev; **386** Fotolia.com/macrovector; **387** Fotolia.com/olegdudko; **388** Fotolia.com/Constantinos; 389 Fotolia.com/archideaphoto

致谢

如果不是我坚持要把这些练习挤进这本书里，我本来可以有更多篇幅一一感谢每一个人。现在我只能在这么短的一段话里，感谢所有的家人、朋友、员工、买书和卖书的人、渴望成为作家的人、写作训练营的学员、我的学生、桌游玩家，以及我生命中支持和鼓励我——或者至少是容忍我的创作习惯——的每一个人。

Rachel Randall，为本书的出版付出努力的团队以及F+W Media的整个团队，还有Jennifer Dechiara，你们太棒了！我们至少还要合作十年。

译后记

如果你拿到了《会写作的大脑》这本书，首先就会被它的“颜值”吸引。

写作不再是作业本或者电脑屏幕上令人望而生畏的一片空白，不再是正襟危坐、苦思冥想和枯燥的烦恼时刻，而是变成了一场调动你所有感官的游戏，你要运用你的视觉、听觉、嗅觉、味觉、触觉，你要大声疾呼，要手舞足蹈。那些在原来的写作中束缚你的规则和桎梏，会让位给想象力和创造性的迸发；那些对作品的自我怀疑和患得患失，会在游戏的乐趣中烟消云散。

在这本书中，你会用各种各样的工具写作：铅笔、钢笔、蜡笔、马克笔，或者橡皮。你会用各种各样的姿势写作：坐着、站着、躺着、用左手、用右手，甚至用脚。你会在各种各样的地方写作：家里、车上、教室、游乐场、度假村，或者你在想象中去到的任何地方。你还会变成各种各样不同的人，从在秘密日记中倾吐心事的15岁少女到未来空间站的宇航员，只要你愿意，你可以是任何人。一句话：你自由了！

这些练习让我想起童年玩过的文字游戏，有些是自娱自乐，有些是跟小伙伴一起创造的，有时候可能有点傻里傻气的。但它们让我觉得文字是那么有趣的东西，只要一支笔、一张纸，加上我们的想象力，世界就永远不会无聊。现在，你也可以开始体验这种乐趣了，几百个游戏，每天十分钟，跟文字尽情嬉戏吧。

从这些练习中，可能会诞生某篇评论、散文或短篇小说的雏形，经过适度的加工润色，就可以向报刊或出版社投稿。也可能结果只是一整页杂乱无章、不知所云的“乱码”，不过没关系，你不必把它拿给任何人看。所以，下笔时不需要有任何压力，想写什么就写什么，把这本书当成完全属于你自己的秘密花园，无论结果如何，你都会发现自己跟做练习之前不一样了，创意的火花在你头脑中燃烧，写作障碍和瓶颈被你抛到了脑后。

需要说明的是，原书的练习是基于英语写作设计的，包括了许多英语中有趣的文字游戏，无法用汉语直接表达。在翻译的过程中，对这类练习进行了相应的改编。举个最简单的例子，一种最常见的英语写作练习就是给出某个字母，要求使用以这个字母开头的单词；在中文版中，练习会要求你使用以这个字母为拼音首字母的汉字。对于有兴趣练习英语写作的读者，也可以简单地将规则置换回去，去寻找以某个字母开头的单词。你会发现，英语中所有妙趣横生的习语、方言、谐音和双关语，中文全都不遑多让，无论使用哪种语言，都不会减损写作的乐趣。

说了这么多，你是不是已经跃跃欲试了？还等什么，马上开始吧！

唐奇

推荐语

“邦妮·纽鲍尔的《会写作的大脑》中包含大量练习，帮助孩子们为想象力热身，清扫大脑中的积尘，同时提供了切合实际的建议和鼓励。”

——哈利·艾弗伦（Hallie Ephron）
《纽约时报》畅销书《晚安，睡个好觉》（*Night Night, Sleep Tight*）和埃德加奖提名作品《神秘小说创作和出版指南》（*Writing and Selling Your Mystery Novel*）的作者

“《会写作的大脑》是一座宝藏——从塑造人物、创作故事的超有趣练习，到克服写作障碍的奇思妙想。如果你遭遇了卡壳，如果你正要着手一部新作，或者如果你恰好需要灵光一现，这本书都能帮上忙！”

——雪莉·贝科斯基（Sheree Bykofsky）
文学经纪人，雪莉·贝科斯基联合公司创始人

“那些很难坚持每日练习和挤时间写作的人会发现，《会写作的大脑》是一个令人欣喜的解决方案。这本书提供了许多诱人的挑战，一年中的每一天都能激发创造力和故事灵感。”

——简·弗里德曼（Jane Friedman）
作家、教授

“邦妮·纽鲍尔的《会写作的大脑》充满了生动有趣、催生创意的说明和练习。每个练习都是一次难忘的冒险，点缀着恰到好处的幽默。”

——克里斯·邓迈尔（Chris Dunmire）
创意写作导师、奖励创意门户网站（www.creativity-portal.com）创办者

“很久没有读过这么令人欲罢不能的书了。无论何时你用它来突破瓶颈、强化练习或者寻找乐趣，它都能激发你的创造力，为你的写作过程增加乐趣。这本书也是送给小朋友的完美礼物！”

——詹娜·格拉泽（Jenna Glatzer）
畅销书作家，著有三十余部作品

“通常我对‘写作练习’并不感兴趣——可能是因为它们看起来都一样。直到我看到邦妮·纽鲍尔这本书，然后想：嘿，看起来很有趣！对这本书，你不可能随便翻翻，完全不被吸引——而一旦你上钩了，就会一发而不可收。这本书对那些需要点燃或者重启写作灵感的人都是最完美的选择。”

——莫伊拉·艾伦（Moira Allen）
writing-world.com网站编辑，《自由作家入门指南》
(Starting Your Career as a Freelance Writer) 的作者

“如果你在写作时遇到了困难，你需要《会写作的大脑》。本书中的练习能帮助你点燃创意的火花，突破创作瓶颈。”

——约翰·克雷默（John Kremer）
《图书营销1001法》*(1001 Ways to Market Your Books)* 的作者

“你在开始写作时遇到过困难吗？以后不会了。拿起《会写作的大脑》，释放你内心的作家自我。这些充满创意、异想天开的日常练习能帮助你迅速进入状态，并且坚持写作。”

——巴德·加德纳（Bud Gardner）
作家，著有《作家心灵鸡汤》*(Chicken Soup for the Writer's Soul)* 等书

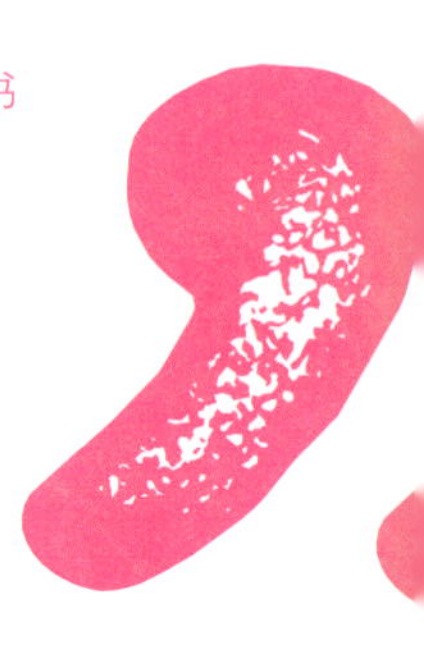

图书在版编目（CIP）数据

会写作的大脑．3, 33 个我：修订版 /（美）邦妮· 纽鲍尔 (Bonnie Neubauer) 著；唐奇编译．-- 北京：中国人民大学出版社，2018.7

（创意写作书系）

书名原文：The Write-Brain Workbook Revised & Expanded 3

ISBN 978-7-300-25758-7

Ⅰ．①会… Ⅱ．①邦… ②唐… Ⅲ．①写作－青少年读物 Ⅳ．① H05—49

中国版本图书馆 CIP 数据核字 (2018) 第 087963 号

创意写作书系
会写作的大脑 3
33 个我（修订版）
［美］邦妮·纽鲍尔　著
唐奇　编译
Hui Xiezuo de Danao

出版发行	中国人民大学出版社		
社　址	北京中关村大街 31 号	邮政编码	100080
电　话	010－62511242（总编室）		010－62511770（质管部）
	010－82501766（邮购部）		010－62514148（门市部）
	010－62515195（发行公司）		010－62515275（盗版举报）
网　址	http://www.crup.com.cn		
	http://www.ttrnet.com（人大教研网）		
经　销	新华书店		
印　刷	北京雅昌艺术印刷有限公司		
规　格	210 mm×276 mm　大 16 开本	版　次	2018 年 7 月第 1 版
印　张	8	印　次	2018 年 7 月第 1 次印刷
字　数	57 000	定　价	68.00 元